कमलेश्वर

कमलेश्वर का जन्म उत्तर प्रदेश के मैनपुरी ज़िले में 6 जनवरी, 1932 को हुआ। उन्होंने इलाहाबाद विश्वविद्यालय से एम.ए. की पढ़ाई की।

उनकी प्रकाशित रचनाएँ हैं—*राजा निरबंसिया, क़स्बे का आदमी, मांस का दरिया, खोई हुई दिशाएँ, बयान, जॉर्ज पंचम की नाक, आज़ादी मुबारक़, कोहरा, कितने अच्छे दिन, मेरी प्रिय कहानियाँ, मेरी प्रेम कहानियाँ* (कहानी-संग्रह); *एक सड़क : सत्तावन गलियाँ, डाक-बंगला, तीसरा आदमी, समुद्र में खोया हुआ आदमी, लौटे हुए मुसाफ़िर, काली आँधी, वही बात, आगामी अतीत, सुबह दोपहर शाम, एक और चन्द्रकान्ता, कितने पाकिस्तान, पति-पत्नी और वह* (उपन्यास); *नई कहानी की भूमिका, नई कहानी के बाद, मेरा पन्ना, दलित साहित्य की भूमिका* (समीक्षा); *अधूरी आवाज़, चारुलता, रेगिस्तान, कमलेश्वर के बाल नाटक* (नाटक); *खंडित यात्राएँ, अपनी निगाह में* (यात्रा-संस्मरण); *जो मैंने किया, यादों के चिराग़, जलती हुई नदी* (आत्मकथ्य); *मेरा हमदम : मेरा दोस्त, समानान्तर-1, गर्दिश के दिन, मराठी कहानियाँ, तेलगू कहानियाँ, पंजाबी कहानियाँ, उर्दू कहानियाँ* (सम्पादन)।

उन्हें *साहित्य अकादेमी पुरस्कार* समेत कई महत्त्वपूर्ण पुरस्कारों से सम्मानित किया गया।

27 जनवरी, 2007 को उनका निधन हुआ।

वही बात

कमलेश्वर

राजकमल पेपरबैक्स

पहला पुस्तकालय संस्करण
1972 में प्रकाशित

राजकमल पेपरबैक्स में
पहला संस्करण : 2004
पाँचवाँ संस्करण : 2024

राजकमल पेपरबैक्स : उत्कृष्ट साहित्य के जनसुलभ संस्करण

राजकमल प्रकाशन प्रा.लि.
1-बी, नेताजी सुभाष मार्ग, दरियागंज
नई दिल्ली-110 002
द्वारा प्रकाशित

शाखाएँ : अशोक राजपथ, साइंस कॉलेज के सामने, पटना-800 006
पहली मंजिल, दरबारी बिल्डिंग, महात्मा गांधी मार्ग, प्रयागराज-211 001
1, अनमोल सोराबजी संतुक लेन, धोबी तलाव, मरीन लाइंस, मुम्बई-400 002
वेबसाइट : www.rajkamalprakashan.com
ई-मेल : info@rajkamalprakashan.com

विकास कंप्यूटर एंड प्रिंटर्स
ट्रॉनिका सिटी-201 102
द्वारा मुद्रित

मूल्य : ₹199

WAHI BAAT
by Kamleshwar

ISBN : 978-81-267-2658-5

वही बात

मीलों तक पहाड़ियों, घाटियों और छोटी-बड़ी पहाड़ी नदियों का विस्तार...आसमान से देखने पर इलाक़ा बिल्कुल नक़्शानुमा लगता होगा।

एक सपाट-सी पहाड़ी के कगार को साफ़ करके वहाँ इंस्पेक्शन बँगला बना दिया गया था। सड़क भी थी। सामने की पहाड़ियों को कैंची की तरह चीरती हुई पानी की दो धाराएँ थीं। धाराओं के बीच में खाली टापू पर, आदिम युग के दैत्याकार जानवरों की तरह क्रेनें खड़ी थीं—आसमान की तरफ़ अपनी तनी हुई गरदनें उठाए, धरती के वासियों के लिए अजीब-सी हिकारत लिए। फिर भी इन्सान की गुलाम।

क्रेनों के अलावा बुलडोज़र थे, अर्थ-रिमूवर्स थे, ट्रालियाँ थीं, पटरियाँ थीं, पाइप थे...मिट्टी के पहाड़नुमा ढेर थे।

दाहिने हाथ पर पश्चिम की पहाड़ियों के पीछे सूरज धीरे-धीरे डूबता जा रहा था और हर पल चारों ओर सन्नाटा और भी गहरा होता जा रहा था।

गोदाम बन्द। मशीनें खामोश। ट्रक सुस्ता रहे थे। जंगली लकड़ी के खम्भों से बंदनवार की तरह लटके बिजली के तारों में यहाँ-वहाँ चमकते हुए पीली-मरियल रोशनी के बल्ब जैसे जिन्दगी के अहसास को ज़िन्दा रखे हुए थे।

इंस्पेक्शन बँगले में जरूर अर्दली खड़ा था—और खानसामा भी। डिप्टी-इंजीनियर साहब बताकर गए थे कि चीफ़ इंजीनियर साहब कभी भी आ सकते हैं, इसलिए हर चीज़ तैयार रहनी चाहिए। मेज़ लगी हुई थी। चीफ़ साहब का कमरा सजा दिया गया था। बँगले के लॉन में लगे गेंदे के फूलों का गुलदस्ता बनाकर मेज़ पर रख दिया गया था। डबल बेड की चादर भी बदल दी गई थी। मसहरी चाँदनी की तरह ऊपर सजी थी।

अर्दली और ख़ानसामे की आँखें पहाड़ी कगार तक आती कंकड़ की सड़क पर लगी थीं। दोनों व्यक्ति मुस्तैदी से खड़े थे कि दूर से आती कार की बत्तियों को फ़ौरन देख सकें—ऐसा न हो कि कार सीधे बँगले तक आ पहुँचे और वे स्वागत के लिए अपने- आपको पूरी तरह तैयार ही न कर सकें।

तभी कंस्ट्रक्शन कॉलोनी के बैरियर के पास एक कार की बत्तियाँ चमकीं। बैरियर पर लट्ठा सलामी देती तोप की तरह उठा और अर्दली फ़ौरन डिप्टी साहब के बँगले की ओर दौड़ पड़ा। बड़ी हड़बड़ाहट में उसने दस्तक दी और दरवाज़ा खोलने से पहले ही ऊँची आवाज में बोल उठा—डिप्टी साहब ! चीफ़ साहब आ गए।...

डिप्टी साहब ने जब तक आकर दरवाज़ा खोला, अर्दली वापस इंस्पेक्शन बँगले में पहुँच चुका था। ओठों पर मुस्कुराहट लिए डिप्टी साहब भी इंस्पेक्शन बँगले की ओर चल दिए।

चीफ़ साहब की गाड़ी कॉलोनी के भीतर आई तो गोदाम का चौकीदार भी अँधेरे में सलाम मारकर खड़ा हो गया। एकाउंटेंट साहब का कुत्ता भौंकता हुआ अपने घर में चला गया। ख़ज़ांची बाबू टॉर्च लिए लपकते हुए गाड़ी के पीछे-पीछे चले आए। उनके पीछे-पीछे उनका प्यारा और वफ़ादार कुत्ता भी।

कार आकर बँगले में रुक गई।

डिप्टी साहब ने चीफ़ साहब का स्वागत किया—कोई तकलीफ़ तो नहीं हुई, सर ?

—नहीं, रास्ता अच्छा था।

—हम लोग तीन बजे से ही आपका इन्तज़ार कर रहे हैं।

—रास्ता बहुत खूबसूरत था, इसलिए देर लग गई...क्यों समीरा ?

चीफ़ ने कहा, और कार की तरफ़ देखा। डिप्टी की निगाहें भी घूम गईं। चीफ़ की पत्नी समीरा कार से उतर रही थी।

—जी...नमस्ते ! डिप्टी ने समीरा की ओर देखते हुए हाथ जोड़ दिए। समीरा ने हल्के से मुस्कुराकर गरदन हिला दी।

तभी लपकते हुए ख़ज़ांची बाबू भी पहुँच गए। पीछे-पीछे उनका कुत्ता भी।

मेम साहब ने देखा। साहब ने भी देखा। ख़ज़ांची बाबू ने टॉर्च पकड़े-पकड़े हाथ जोड़कर दोनों को नमस्ते किया तो डिप्टी साहब ने परिचय दे दिया—जी...ये ख़ज़ांची बाबू हैं...।

ख़ज़ांची बाबू ने एक बार फिर हाथ जोड़ दिए।

—यह कुत्ता आपका है ? मेम साहब ने पूछ लिया।

ख़ज़ांची बाबू थोड़ा-सा सकुचा गए। फिर बोले—जी, यह कुत्ता नहीं है, हमारा सिपाही और पहरेदार भी है।

—और रहनुमा भी। डिप्टी साहब ने जोड़ दिया।

—वह कैसे ? मेम साहब ने पूछ लिया।

—जंगली इलाक़ा है।...डिप्टी साहब ने ही जवाब दिया—रास्ते हैं नहीं। ख़ज़ांची बाबू को टहलने का शौक़ है। टहलते-टहलते दूर निकल जाते हैं। रास्ता भूल जाते हैं तो यह कुत्ता ही इन्हें घर तक ले आता है।

डिप्टी साहब की बात पर सब एकाएक हँस पड़े। मेम साब भी। मगर ख़ज़ांची बाबू ने अपनी हँसी को रोककर एकाएक यह भी जोड़ दिया—डिप्टी साहब ठीक फ़रमाते हैं। आदमी घर का रास्ता भूल सकता है, कुत्ता नहीं...।

—औरत और आदमी में सही प्यार हो तो आदमी घर का रास्ता कभी नहीं भूलता, ख़ज़ांची साहब !...कहते-कहते चीफ़ साहब अपनी पत्नी की तरफ़ देखकर मुस्कुरा दिए थे। मेम साब सकुचा गई थीं और बँगले के भीतर की ओर देखने लगी थीं।

अब अपनी वफ़ादारी का सबूत देने की बारी अर्दली की थी। बोला—सर, खाना तैयार है।

—ठीक है, सर ! डिप्टी बोले—आप हाथ-मुँह धोइए। फ्रेश हो जाइए। सामान ये लोग निकाल लेंगे। फ़िक्र की कोई बात नहीं। और फिर मेम साब की ओर घूमते हुए बोले—आपको कुछ चाहिए, मैडम ? यहाँ तो जंगल है...वैसे आपका बँगला कल शाम तक तैयार हो जाएगा...आज की रात आप इंस्पेक्शन बँगले में ही गुज़ार लें...और किसी तरह की दिक़्क़त हो तो मेरा बँगला हाज़िर है...।

एकाएक समीरा को लगा, यह आदमी कुछ ज़्यादा ही बोलता है। ज़्यादा बोलनेवाले लोग दूसरों की ज़्यादा परवाह नहीं करते। आत्मकेन्द्रित होते हैं। शायद स्वार्थी भी। उसे कुछ अच्छा नहीं लगा। भीतर से कुछ

चिढ़कर, अपने शब्दों में शालीनता का आभास देते हुए उसने कह दिया—कोई दिक़्क़त नहीं है। वैसे भी मुझे दूसरे के घर में नींद नहीं आती...।

चीफ़ साहब और समीरा इंस्पेक्शन बँगले के भीतर की ओर बढ़े, तो डिप्टी और ख़ज़ांची बाबू ने नमस्ते कहकर उनसे विदा ले ली।

हाथ-मुँह धोकर, तरो-ताज़ा होकर, कपड़े बदलकर चीफ़ साहब और मेम साब ने खाना खाया—खाना उन्हें पसन्द आया था। अर्दली और ख़ानसामा, दोनों खुश हो गए थे।

फिर चीफ़ और मेम साब बाहर लॉन में चले गए थे।

समीरा एकाएक आह्लाद से भर उठी। हर तरफ़ दूधिया चाँदनी छिटकी हुई थी। हर चीज़ जैसे दूध की झरती नदी में नहा उठी थी...नीचे घाटी दूधिया रोशनी में झिलमिला रही थी।

एकदम साँस रोके समीरा हर ओर देखती रह गई—मुग्ध-सी। उसने अनजाने ही अपने पति के सीने से पीठ टिका दी थी।

—समी...!

—प्रशान्त...! वह बुदबुदाई थी।

—क्या हुआ, समी ?...कहते हुए प्रशान्त ने समीरा को अपनी बाँहों में भर लिया। समीरा बेसुध हो गई। इतना सौंदर्य ! हे प्रभु ! मैं कहीं मर न जाऊँ।

समीरा ने धीरे से अपने-आपको प्रशान्त की बाँहों से मुक्त कर लिया—मुक्त नहीं, केवल इतना कि वह उसके चेहरे को देख सके। बड़े प्यार से बोली—यह तो स्वर्ग है, प्रशान्त ! मैंने तो सोचा भी नहीं था, यह जगह इतनी खूबसूरत होगी...!

—सच ! प्रशान्त मुस्कुरा दिया।

—हाँ, प्रशान्त, एकदम सच...!

तभी कहीं पास ही बड़े ज़ोर का धमाका हुआ। दूधिया चाँदनी में नहाई शान्त प्रकृति हिल गई। समीरा ने घबराकर प्रशान्त की बाँह थाम ली। प्रशान्त ने बड़ी सहजता से कहा—क्यों, डर गईं ?

—लगता है, जैसे बम फटा हो...।

—हाँ, और क्या...फिर मुस्कुराते हुए वह बताने लगा—उधर

स्टोन-क्वेरी है न...वहाँ ब्लास्टिंग चल रहा है। प्रोजेक्ट तैयार करते वक़्त यह सब सोचना पड़ता है। सीमेंट कहाँ से आएगा...कंकड़ कहाँ से मिलेंगे...रेत कहाँ से आएगी...पत्थर कहाँ से खोदा जाएगा...।

एकाएक समीरा छिटककर अलग खड़ी हो गई। बड़ी शोखी से बोली—और ये सुन्दरता कहाँ मिलेगी...और इस सुन्दरता में कितने सपने कहाँ से आएँगे !

प्रशान्त की मुस्कुराहट पहले से भी ज़्यादा खिल उठी। आँखों में चमक लिए उसने समीरा की बाँह को फिर पकड़ लिया।

—सारे सपने शायद यहीं आएँगे...इस छाँह में...। कहते हुए समीरा ने प्रशान्त को पास के एक पेड़ की छाया में घसीट लिया। उसकी आँखों में देखते हुए प्रशान्त ने धीरे से कहा—हाँ, समीरा !

फिर वह भी धीरे से बोली—यह छाया हमारी है प्रशान्त...।

कुछ ही पल बाद समीरा प्रशान्त को बाँह से खींचती हुई नीचे घाटी में उतरती चली गई। उसकी हँसी पूरी घाटी में झरनों की आवाज़ की तरह गूँजती चली गई...।

सुबह प्रशान्त और समीरा काफ़ी देर तक सोते रहे। प्रशान्त की आँख खुली तो खिड़की के बाहर धूप खिली हुई दिखाई दी। उसने पास ही सोई समीरा की ओर देखा। एक बार मन में आया कि उसे जगा दे, लेकिन उसने विचार बदल दिया।

बाहर, बरामदे से कुछ आवाजें आ रही थीं। प्रशान्त ने पैरों में स्लीपर डाले और जम्हाई लेता हुआ बाहर आ गया।

डिप्टी और ख़ज़ांची बाबू बरामदे में पड़ी गार्डन-चेयर्स पर बैठे थे और ख़ानसामा उन्हें चाय दे रहा था।

—अरे ! आप लोग तो तैयार होकर भी आ गए। प्रशान्त ने हैरानी से कहा। यहाँ सुबह बहुत जल्दी होती है।

—जी साब, यहाँ रात भी बहुत जल्दी होती है। ख़ज़ांची बाबू ने कहा और साथ ही उन्होंने ख़ानसामे को इशारा कर दिया—साब की चाय।

—मेम साब भी उठ गई होंगी...डिप्टी नकुल ने ख़ानसामा से कहा।

—नहीं। वह अभी सो रही हैं...दस मिनट बाद...प्रशान्त ने कहा।

फिर वह बरामदे की सीढ़ियाँ उतरकर लॉन की तरफ़ बढ़ गया। डिप्टी नकुल भी अपनी चाय लिए प्रशान्त के साथ हो लिया।

—यहाँ के हालात क्या हैं ? प्रशान्त ने पूछा। मुझे कुछ अन्दाज़ तो दो, नकुल !

नकुल सब कुछ बताने लगा—मज़दूरों की कमी, सीमेण्ट सप्लाई की कमी, मज़दूरों के लिए आवास की समस्या, राशन का सवाल, फंड्स की कमी, निश्चित अवधि तक बाँध तैयार करने की मजबूरी...।

दोनों एकदम इन बातों में डूब गए थे, हालाँकि बातों में कोई तनाव या चिन्ता नहीं थी। सब कुछ रूटीन की तरह ही था।

टहलते-टहलते और बातों में मशगूल वे दोनों काफ़ी आगे की तरफ़ निकल गए थे कि बरामदे में ख़ानसामा से बात करती समीरा की आवाज़ से उनकी बातों का सिलसिला टूट गया। वे लौट पड़े।

—यहाँ अखबार नहीं आता ? समीरा ख़ानसामा से पूछ रही थी।

—जी नहीं, मेम साब ! ख़ानसामा ने कहा, तो ख़ज़ांची बाबू ने जड़ दिया—एक अख़बार निकलता है, मेम साब ! दोपहर में...।

—दोपहर में ? यहाँ से ? समीरा चौंकी।

—जी...और ख़ज़ांची बाबू ने नीचे दूर की झोंपड़ियों की ओर इशारा करते हुए कहा—वह नीचे मज़दूरों की बस्ती देख रही हैं पठार पर ?...वो झोंपड़ियाँ...?

—हाँ...।

—वहीं एक औरत रहती है, मनका। वह दोपहर को जब अपने आदमी के लिए खाना लेकर निकलती है, तो मजदूरों की बस्ती की सारी खबरें सबको पहुँचाती हुई जाती है...।

—आप बड़े मज़ेदार आदमी हैं। कहते हुए समीरा ख़ज़ांची बाबू की बात पर खिलखिलाकर हँस पड़ी।

नकुल समीरा को देखता रह गया।

प्रशान्त ने नकुल से हो रही बातों का सिरा पकड़ते हुए कहा—नकुल ! मेरे ख़याल से तुम आज ही हैड ऑफ़िस चले जाओ और जो रिक्वायरमेंट्स हैं, उनके बारे में कंट्रोलर से बात करके सप्लाई का इंतज़ाम करवा लो। रेत तो हम यहीं क्रश करवाकर तैयार कर लेंगे। क्रशर्स तो ठीक हैं न ?

नकुल ने सिर हिलाकर कहा—जी हाँ।

—ठीक है। मैं अभी तैयार होकर साइट पर पहुँचता हूँ...।

बरामदे में पहुँचकर चाय के ख़ाली कप-प्लेट प्रशान्त ने ख़ानसामा को थमा दिए और तेज़ी से भीतर कमरे में चला गया।

थोड़ी ही देर बाद नकुल जीप लेकर आ गया। वह बम्बई जाने के लिए तैयार होकर आया था। उसकी फुर्ती को देखकर प्रशान्त को हैरानी हो रही थी। आते ही वह बोला—सर ! मैं जा रहा हूँ। वैसे आपका बँगला भी तैयार हो गया है। चाहें तो आप वहाँ शिफ़्ट कर सकते हैं...मैंने बेलदार को बोल दिया है।

प्रशान्त को और भी हैरानी हुई। यह आदमी किस मिट्टी का बना है ! पर नकुल ने सोचने का मौक़ा नहीं दिया। वह समीरा से पूछ रहा था—आपके लिए शहर से कुछ लाना है ?

—जी नहीं...मेरे पास सब कुछ है...समीरा ने बड़े बेमन से कहा, पर साथ ही उसने 'थैंक्यू' भी जोड़ दिया। नकुल की नज़र समीरा को कुछ अजीब-सी लगती थी। जाने उन आँखों में क्या था कि उसे देखते ही वह अस्त-व्यस्त-सी हो जाती थी।

नकुल चला गया। उसकी जीप के स्टार्ट होने की आवाज़ आई तो समीरा ने प्रशान्त से कहा—तुम्हारा यह डिप्टी कुछ अजीब ही है।

—क्यों ? तेज़ है, फुर्तीला है, मेहनती है, ज़हीन है। और सबसे बड़ी बात यह है कि अनपढ़ आदिवासियों के बीच से निकलकर उसने इतनी तालीम और यह ओहदा हासिल किया है...।

—जो भी हो...समीरा ने कहा। उसकी आँखों में एक अजीब जंगलीपन है।

प्रशान्त शरारत से मुस्कुरा दिया। धीरे से चुटकी लेता हुआ बोला—याद है...पहली रात तुमने क्या कहा था ?...तुम्हारा यह जंगलीपन मुझे अच्छा लगता है...।

—वह और बात थी। कहकर शरमाती हुई समीरा चलते-चलते चुटकी काट गई। प्रशान्त खिलखिलाता, हँसता खड़ा रह गया। उसी शरारत-भरे लहजे में बोला—अब तो पालतू हो गया हूँ...।

—पालतू और तुम ? समीरा ने शोखी से कहा तो प्रशान्त ने

लपककर उसे पकड़ना चाहा, पर समीरा ने बाथरूम में घुसकर दरवाजा बन्द कर लिया।

प्रशान्त साइट पर गया तो समीरा को भी साथ लेता गया। पहले उसे प्रोजेक्ट के तीन हिस्सों के बारे में बताते हुए उसने समझाया कि कैसे एक-एक करके तीनों हिस्से पूरे होंगे। फिर वह उस बाँध से सारे प्रदेश को होनेवाले फ़ायदों के बारे में बताने लगा...कि कैसे सर्विस कैनाल्स निकाली जाएँगी और सिंचाई और बिजली के क्षेत्र में उनसे कितना फ़ायदा होगा।

समीरा साथ चली तो आई, लेकिन गर्मी, धूल और शोर के कारण वह बदहवास थी। प्रशान्त जब किसी ख़ास चीज़ की तरफ़ इशारा करते हुए उसके बारे में समीरा को बताने लगता तो वह सुनती भी जाती और मुस्कुराकर आश्चर्य भी प्रकट करती जाती, पर उसका मन वहाँ नहीं लग रहा था।

बाँध के खम्भों की भराई चल रही थी। बालू के लिए पत्थर के टुकड़ों को पीसा जा रहा था। दूसरी ओर, क्वेरी में बलास्टिंग चल रहा था।

प्रशान्त अपने काम में व्यस्त हो गया तो समीरा को बोरियत होने लगी थी। पर थोड़ी देर बाद बेलदार ने आकर उसे बोरियत से उबार लिया था। प्रशान्त ने बेलदार से कहा कि जितनी जल्दी हो सके, उनका सामान इंस्पेक्शन बँगले से उठाकर उनके अपने, नए बँगले में पहुँचा दिया जाए।

बेलदार चला गया तो समीरा को जैसे वहाँ से निकलने का बहाना मिल गया। एकदम बोली—मैं नया बँगला देख लूँ...रात को खाना नए बँगले में खाएँगे। ठीक...?

प्रशान्त उसकी उत्सुकता को समझ गया। हँसते हुए बोला—बँगला ही तो है, कोई अजायबघर तो नहीं है।

साथ ही उसने एक अधेड़-से ओवरसियर को आवाज़ दे दी। जीप तैयार थी। प्रशान्त बोला—ज़रा मेम साहब को नए बँगले में पहुँचा दीजिए।

—जी, सर...मैं उधर ही जा रहा था।

समीरा जीप में सवार हो गई। जीप चलने लगी तो प्रशान्त से बोली—ज़्यादा इंतज़ार मत करवाना...।

जीप ऊपर पहाड़ी की ओर चल दी।

शाम को प्रशान्त साइट से लौटा तो नया बँगला जंगली फूलों से सजा हुआ था। समीरा ने भी फूलों से ही शृंगार किया था। प्रशान्त उसे देखता ही रह गया—अरे वाह ! इतनी सुन्दरता ! कहाँ से आए ये फूल ?

—साइट से लौटी तो रास्ते में रुक गई।...उधर जो नाला है न, उसके किनारे-किनारे चलना कभी, पूरी फूलों की घाटी है। समीरा ने कहा। तभी ख़ज़ांची बाबू की खाँसी सुनाई पड़ी। वह फ़ाइल लिए खड़े थे। बोले—वर्क ऑर्डर पास कर दें, सर, तो पेमेंट कर दिया जाए।

प्रशान्त ने सरसरी तौर पर देखा और दस्तख़त कर दिए। ख़ज़ांची बाबू समीरा की ओर घूमे और बोले—बँगला कैसा है, मेम साब ? फिर ज़रा-सा भीतर झाँक आए और कहने लगे—अरे ! आपने तो फूलों से सजाया है !

—यहाँ तो फूल ही फूल बिखरे हुए हैं सब तरफ़। समीरा बोली तो ख़ज़ांची बाबू ने अपनी टॉर्च घुमाते हुए कहा—एक बात है, मेम साब !...जंगली फूल खूबसूरत तो बहुत लगते हैं पर बड़ी जल्दी कुम्हला जाते हैं। इन्हें काटकर सजाना बेकार होता है। यहाँ कम्पाउंड में झाड़ ही लगवा दीजिए...अगली बरसात तक फूल खिलने लगेंगे।

—माक़ूल बात है। प्रशान्त ने कहा।

—और फिर साहब को इसी साइट पर कम से कम सात-आठ साल रहना पड़ेगा...अब इस बँगले को परमानेंट घर समझकर रहिए। आपके आ जाने से हमें भी यह सुनसान कॉलोनी भरी-भरी लगने लगी...ख़ज़ांची बाबू बोल रहे थे कि उनका कुत्ता भौंकता हुआ पास आ गया।

—यहाँ चोरी-वोरी का डर तो नहीं है, ख़ज़ांची बाबू ? समीरा ने पूछा।

—चोरी का तो नहीं, क़त्ल का हो सकता है।

—क्या कह रहे हैं आप ?

—घबराइए नहीं, मैं अपनी बात कर रहा हूँ। पूरे प्रोजेक्ट का कैश

रखना पड़ता है। क्या पता, कब, कौन गरदन दबाकर लूट ले जाए !

—आपने तो डरा दिया...।

—डरने की कोई बात नहीं है। बन्दूकधारी चौकीदार है...हमारा टामी है...मेरा क्वार्टर तो आपके बग़ल में ही है।...अच्छा, नमस्ते...।

ख़ज़ांची बाबू चले गए। समीरा कुछ सुस्त-सी हो गई। प्रशान्त ने ख़याल किया और बोला—तुम्हें किस चीज़ का डर है ? हमारे पास ऐसा क्या है, जिसे कोई चुराने आएगा ? पूरा घर छान मारेगा तो प्रोजेक्ट के नक़्शों के अलावा कुछ भी हाथ नहीं लगेगा...।

समीरा प्रकृतिस्थ हो गई। बोली—हाँ, प्रशान्त ! जो कुछ हमारे पास है, उसे कौन चुरा सकता है ?

—और क्या ! न तुम्हें कोई मुझसे चुरा सकता है, न मुझे तुमसे। कहकर प्रशान्त ने समीरा को बहुत प्यार से देखा था।

सन्नाटे-भरी रात और चारों ओर बिखरे जंगली फूलों की महक लहरा रही थी।

दूसरे ही दिन सुबह नकुल की जीप बँगले में आकर रुकी, तो कमरे, बरामदे और सीढ़ियों तक पर कुम्हलाए हुए जंगली फूल बिखरे थे... प्रशान्त अलसाया हुआ था और समीरा भी बहुत थकी हुई लग रही थी।

नकुल ने कंट्रोलर से प्राप्त हुए ऑर्डर प्रशान्त के सामने पेश कर दिए। मज़दूरों के लिए टैम्परेरी क्वार्टर बनाने का आर्डर भी वह पास करवा लाया था।

ख़ानसामा चाय दे गया।

सरकारी काम के बारे में सब कुछ बताकर जब नकुल ने और चीज़ें निकालना शुरू की तो समीरा भी चाय पीने के लिए वहीं आ गई। नकुल की नज़र एक बार उसकी बाँहों पर गई, तो साड़ी को उसने बाँहों पर खींच लिया।

नकुल एक थर्मस लाया था। कुछ बटन और डोरा भी। और कुछ वस्तुएँ। दो-तीन तरह का अचार, पापड़ के पैकेट और पुरानी पत्रिकाएँ।

—ये किसके लिए हैं ? समीरा ने पूछा तो नकुल ने कहा—मैंने देखा था, आपके सामान में थर्मस नहीं था। साब साइट पर जाएँगे तो इसमें

उनके लिए आप कॉफ़ी भरकर दे सकती हैं...और यहाँ बटन नहीं मिलते, डोरा नहीं मिलता।...ये छोटी-छोटी चीज़ें यहाँ नहीं मिलतीं। आपको ज़रूरत पड़ेगी और ये आपके लिए पत्रिकाएँ...नकुल ने सारा सामान समीरा के सामने रख दिया—कच्चा प्याज़ और नीबू का सलाद खाते-खाते ऊब जाएँगी, इसलिए यह अचार और पापड़...।

—तुम तो बड़े गृहस्थ आदमी हो, नकुल ! प्रशान्त ने हैरानी से कहा तो नकुल बोला—यहाँ दिक़्क़त होती है...मुझे पता है...।

नकुल चला गया तो समीरा का रुख़ दूसरा ही था। उसने कहीं भीतर अपमानित महसूस किया था। प्रशान्त से बोली—बड़ा अजीब आदमी है। तुम्हारे सामने मुझे यह बताना चाहता है कि मुझे तुम्हारा क्या-क्या ख़याल रखना चाहिए। वहाँ बम्बई में दस थर्मस बोतलें पड़ी हैं। दस हज़ार बटन पड़े हैं...।

—पर यहाँ तो नहीं हैं न।

—तो क्या हुआ ? मैं खुद जाकर ला सकती थी। यह आदमी जताना क्या चाहता है ? मैं तुम्हारा ख़याल नहीं रख सकती ?

—तुम नकुल को ग़लत समझ रही हो, समी ! वह सीधा आदमी है...।

समीरा को प्रशान्त की बात भी पसन्द नहीं आई। बोली—आदमी को आदमी नहीं, आदमी को औरत ज़्यादा पहचान सकती है। हुँ...मेरे लिए पत्रिकाएँ लाए हैं !...इनकी लाई पत्रिकाएँ मैं पढ़ूँगी !...कहते हुए समीरा ने पत्रिकाओं का पुलिंदा उठाया और गुस्से में खिड़की से बाहर फेंक दिया।

नकुल जीप लेकर बँगले के पिछवाड़ेवाली सड़क से जा रहा था कि पत्रिकाओं का पुलिंदा खिड़की से बाहर आकर गिरा। धप् आवाज ने उसे सतर्क कर दिया। उसने जीप रोकी। कुछ सोचा। जीप से उतरा और झाड़ियों में पड़े पुलिंदे को उठाकर उसने जीप में रख लिया। वह आहत था। उसकी समझ में क़रीब-क़रीब सब आ गया था। अगर समझ में नहीं आया था तो सिर्फ़ यह कि पुलिंदा मेम साहब ने फेंका था या चीफ़ साब ने ?

आहत मन से और भीतर ही भीतर उलझते हुए नकुल ने जीप

स्टार्ट की और साइट की ओर चल दिया। वह भीतरी उलझन में इस क़दर मुब्तिला था कि रास्ते में ख़ज़ांची बाबू ने उसे आवाज़ दी तो उसने कोई ध्यान ही नहीं दिया।

अगले ही पल उसे महसूस हुआ कि ख़ज़ांची बाबू उसे आवाज दे रहे हैं—डिप्टी साहब !

नकुल ने जीप रोक ली। घूमकर देखा तो ख़ज़ांची बाबू पीछे से चले आ रहे थे। पास आए तो बोले—साइट पर जा रहे हैं ?

—हाँ, आइए...!

ख़ज़ांची बाबू का कुत्ता टामी, पहले ही उछलकर जीप में सवार हो गया। फिर ख़ज़ांची बाबू बैठे।

—क्या बात है, डिप्टी साहब ? आपने मेरी आवाज़ ही नहीं सुनी। ख़ज़ांची बाबू बोले तो नकुल ने कह दिया—कुछ नहीं। यों ही...।

—पहले तो ऐसा कभी नहीं हुआ था..नकुल ने कुछ जवाब नहीं दिया, तो ख़ज़ांची बाबू ने और नहीं कुरेदा।

जीप पथरीले रास्ते से होकर नीचे साइट की ओर जाने लगी।

बाँध के बनने से उस घाटी के बारह गाँव डूबनेवाले थे। आदिवासियों ने गाँव ख़ाली करने से इनकार कर दिया था। इतना ही नहीं, वे क्रुद्ध हो उठे थे।

आदिवासियों की उग्रता और विरोध बढ़ता जा रहा था। जो मज़दूर काम पर आते थे, वे भी आधे रह गए थे। नए मज़दूर इस इलाक़े में आने से डरते-घबराते थे। लगातार सुनाई पड़ रहा था कि बारहों गाँवों के आदिवासी मरने-मारने को तैयार हैं, पर अपने गाँव, अपनी ज़मीनें छोड़कर जाने को तैयार नहीं हैं।

प्रशान्त ने कलक्टर और तहसीलदार से पूछताछ की कि क्या पहले आदिवासियों से यह सब तय नहीं किया गया था ? उनकी रज़ामन्दी के बग़ैर इतनी बड़ी योजना शुरू ही कैसे हो सकती थी ? कलक्टर का कहना था कि आदिवासी पहले तैयार हो गए थे, पर जाने अब ऐसा क्या हो गया है कि वे अपनी बात से मुकर रहे हैं !

सब लोग परेशान-से साइट-ऑफ़िस में बैठे थे। प्रशान्त कह रहा

था—यह तो बड़ी भारी दिक़्क़त है। अगर आदिवासियों ने अब गाँव ख़ाली करने से इनकार कर दिया तो प्रोजेक्ट पर अब तक ख़र्च हुए करोड़ों रुपए बेकार हो जाएँगे...!

राजधानी और साइट के बीच प्रशान्त के चक्कर शुरू हो गए। इस मसले को लेकर भाग-दौड़ बहुत बढ़ गई थी।

प्रशान्त बहुत अशान्त हो उठा था। ख़बरें यहाँ तक फैलने लगी थीं कि आदिवासी अपने हथियारों से लैस होकर बाँध-कॉलोनी पर धावा बोलनेवाले हैं—सबके होश उड़ गए थे।

प्रशान्त उस रात बहुत बेचैन था। ख़ज़ांची बाबू पहाड़ी के कगार पर टॉर्च लिए, टामी के साथ निरन्तर पहरा देते रहे। बेलदार और गैंगवालों को भी तैनात रखा गया था।

प्रशान्त को नींद नहीं आ रही थी। समीरा ने उसके बाल सहलाते हुए उसके सिर को गोद में रख लिया था। फिर जैसे प्रशान्त को सहारा देने के लिए उसने कहा—परेशान होने से होगा भी क्या, प्रशान्त ? तुम कर भी क्या सकते हो ?...यह तो सरकार का काम है। तुम्हारा काम है डैम बनाना—सिविल प्रॉब्लम्स को सुलझाना तुम्हारा काम थोड़े ही है...!

प्रशान्त तो पहले ही उलझा हुआ था। समीरा की बिन माँगी राय से वह चिढ़-सा गया। सिर को गोद से हटाते हुए बोला—जिस बात को तुम समझती नहीं, उसमें टाँग मत अड़ाया करो।

—तुम्हें होता क्या जा रहा है, प्रशान्त ? दिन-ब-दिन चिड़चिड़े होते जा रहे हो !

प्रशान्त को तुरन्त अपनी ग़लती का अहसास हो गया। आखिर अपनी परेशानी को वह समीरा पर क्यों थोप रहा है ? उस बेचारी का क्या दोष है ? बड़े संयत स्वर में बोला—आई एम सॉरी, समी...मैं शायद ज़्यादा ही उलझ रहा हूँ...।

प्रशान्त को ढीला देख समीरा ने कहा—एक बात तो बताओ...।

—क्या ?

—वो...नकुल बहुत दिनों से दिखाई नहीं पड़ रहा है ! कहीं बाहर गया है क्या ?

—वो आदिवासियों को समझाने के लिए गाँव-गाँव भटक रहा है। भाषा की भी दिक़्क़त है। हमारी बात वे लोग समझते नहीं। नकुल उन्हें उन्हीं की भाषा में समझा सकता है...शायद उसके समझाने से वे लोग मान जाएँ...।

—और भड़काने से भड़क जाएँ। एकाएक समीरा के इस वाक्य से प्रशान्त बौखला-सा गया। साथ ही समीरा ने जड़ दिया—तुम्हें क्या मालूम कि वह उन्हें समझा रहा है या भड़का रहा है ?

प्रशान्त फिर झुँझला उठा—समी ! तुम अपनी अक़्ल अपने ही पास रखो तो बेहतर है।...फिर वह एकाएक सकुचा-सा गया। नर्म पड़ता हुआ बोला—मेरा मतलब है, ख़ामख़्वाह किसी के इंटेंशंस पर शक करना कोई अच्छी बात नहीं है। नकुल समझदार और वैल-मीनिंग आदमी है। वह खुद चाहता है कि आदिवासियों की ज़िन्दगी में तब्दीली आए और वे ऊपर उठें।...आगे बढ़ें...यह बाँध उनकी ज़िन्दगियों को तब्दील कर सकता है। नकुल इसमें विश्वास करता है...।

—तुम्हें इतना विश्वास है ! समीरा ने कहा तो प्रशान्त ने बात का रुख़ मोड़ दिया—अरे, अब छोड़ो भी !...इस झंझट में अपनी रात क्यों खराब की जाए !...और प्रशान्त ने हौले से समीरा की कमर की ओर अपनी बाँह बढ़ा दी...पर समीरा कसमसाकर एक ओर सरक गई।

काम बढ़ता जा रहा था। साथ ही परेशानियाँ भी। मज़दूर लगातार कम होते जा रहे थे—और उसी अनुपात में ठेकेदारों के दिमाग़ भी बिगड़ते जा रहे थे।

प्रशान्त की परेशानियों का कोई अन्त नहीं था।

बँगले में टेलीफ़ोन लग गया था। समीरा को दिन-भर कुछ सूझता ही नहीं था कि क्या करे ! वह तो जैसे सचमुच वीराने में आ पड़ी थी।

प्रशान्त को काम से कभी दो क्षणों की फ़ुर्सत मिलती, तो वह समीरा को फ़ोन कर लेता—समी ! क्या कर रही हो ?

—बैठी हूँ...समीरा जवाब देती।

इतने में ही कोई कर्मचारी कोई नई समस्या लेकर प्रशान्त के पास आ पहुँचता। प्रशान्त फ़ौरन कह उठता—कुछ अर्जेंट काम आ गया है, समी...मैं फिर फ़ोन करूँगा।

समीरा बुझे मन से फ़ोन रख देती।

शाम को पाँच बजते तो फ़ोन की घंटी फिर बज उठती। उधर से प्रशान्त की आवाज आती–उसी पहले के-से सुर में–वही बात...।

–समी ! क्या कर रही हो ?

–बैठी हूँ...समीरा का वही जवाब।

–मैं सात बजे तक आ जाऊँगा।

–अच्छा।

फिर...फिर...वही–वही बात–उसी तरह। दूसरा दिन, तीसरा दिन, चौथा दिन, पाँचवाँ दिन।

वही फ़ोन की घंटी–और वही बात...।

–समी ! क्या कर रही हो ?

–बैठी हूँ...।

–मैं सात बजे तक आ जाऊँगा...।

–अच्छा...!

फिर वही-वही बात...उसी तरह पचासवाँ दिन...फोन की घंटी बजी।

समीरा ख़ामोशी से बैठी उस घंटी की आवाज को सुनती रही। फिर वह पास जाकर चुपचाप खड़ी हो गई। घंटी बजती रही। समीरा खिड़की के बाहर देखने लगी। कुछ देर घंटी बजती रही, फिर बन्द हो गई।

तीन घंटों के बाद फ़ोन की घंटी फिर बजी। बेमन से आकर समीरा ने रिसीवर उठा लिया। इसके पहले कि दूसरी ओर से प्रशान्त कुछ कहे, वह मशीन की तरह बोल उठी–बैठी हूँ...अच्छा !

उधर प्रशान्त फ़ोन को हाथ में उठाए-उठाए ओवरसियर को कुछ बताने लगा था कि इधर से फ़ोन बन्द हो गया। प्रशान्त उलझ-सा गया। उसने फिर नम्बर मिलाया। समीरा ने रिसीवर उठाया तो एकदम बोला–क्यों, समी...क्या बात है ? तुमने फ़ोन उठाकर रख दिया...!

–कहाँ ! मैंने कहा तो था–बैठी हूँ। तुमने कहा था, सात बजे तक आ जाओगे, मैंने कहा था–अच्छा...।

सुनते ही प्रशान्त का मुँह उतर गया। उसने सामने पड़े काग़ज़ परे सरका दिए कि ठीक से बात कर सके।

–सॉरी समी ! मैं सुन नहीं पाया था। दोपहर को भी मैंने फ़ोन किया था। घंटी बजती रही।

—मैं सो रही थी।

—अच्छा...खाना खाया ?

—हाँ।

—देन इट्स ऑल राइट...।

—तुम्हारे लिए कॉफ़ी भिजवा दूँ ?

—ओह ! दैट्स वंडरफुल। मैं चपरासी को भेजता हूँ...।

कॉफ़ी बनाकर समीरा नकुल के लाए थर्मस को बड़ी देर तक यों ही देखती रही। शायद उसे नकुल की कही बात याद आ गई थी...फिर उसने उसमें कॉफ़ी भर दी। चपरासी आया तो थर्मस उसे थमा दिया। साथ में सैंडविच का पैकेट भी दे दिया।

फिर बहुत बेमन से उसने डाइनिंग टेबल पर रखी प्लेट सरकाई और बहुत धीरे-धीरे दो-एक कौर खाकर उठ गई।

शाम को प्रशान्त के लौटने में देर हुई...समीरा इंस्पेक्शन बँगले की रेलिंग से लगी आसपास घिरते अँधेरे को ताकती रही। फिर कुछ समझ में नहीं आया तो अपने बँगले में आकर बाल सँवारने लगी। फिर भी घड़ी सिर्फ़ पन्द्रह मिनट आगे सरकी और कोई आहट नहीं हुई तो उसने अपने बाल खोलकर उन्हें फिर से छितरा लिया।

तभी प्रशान्त की जीप आई। समीरा धीमे से उठकर बरामदे में आ गई। प्रशान्त ने उसकी ओर देखा, फीकी-सी, थकी हुई मुस्कान मुस्कुराया तो समीरा का मन पिघल गया—सचमुच प्रशान्त कितना काम करता है ! साइट से थका हुआ घर लौटता है, तो कितना मासूम लगता है...!

अर्दली जीप से सामान उतारने लगा। अख़बारों में लिपटे कई पैकेट थे। एक बोतल में शहद था। समीरा पैकेटों को बरामदे में ही पड़ी मेज़ पर रखती रही। आख़िर में अर्दली ने काठ का एक बक्सा उतारकर रख दिया। उसमें प्रशान्त के नक़्शे थे।

—क्या है इनमें ? समीरा ने पैकेटों की तरफ़ इशारा करते हुए पूछा तो प्रशान्त ने चहकते हुए कहा—देखना ! बड़ी ख़ूबसूरत चीज़ें हैं, घर सजाने के लिए। ओवरसियर बाबू भी नकुल के साथ गए थे, आदिवासियों के गाँवों में। वही लाए हैं।

—नकुल ने भेजी हैं ?

—नहीं। नकुल ने तो सिर्फ़ शहद भेजा है। ये सब तो ओवरसियर बाबू लाए हैं।

समीरा ने एक-एक करके सारे पैकेट खोल डाले, आदिवासियों के कलामय हाथों से तैयार हुए आदिवासी चेहरे और लकड़ी की मूर्तियाँ उसके सामने थीं। वह ठगी-सी खड़ी उन्हें देखती रह गई। फिर एक काष्ठ-मूर्ति को हाथ में उठाते हुए बोली—सचमुच बहुत खूबसूरत है !

—मैं जानता था, तुम्हें ये मूर्तियाँ और मास्क बहुत पसन्द आएँगे।

—चलो, घर में कुछ चेहरे तो और आ गए। समीरा ने व्यंग्य, प्यार और प्रशंसा के मिले-जुले स्वर में कहा तो प्रशान्त कुछ भी कहने के बजाय चुपचाप मुस्कुरा दिया।

—ओवरसियर बाबू को धन्यवाद जरूर दे देना। समीरा ने कहा और सारे सामान को वहीं पर छोड़ खाना लगाने के लिए भीतर बढ़ गई।

खाने के फ़ौरन बाद ही समीरा, कमर में आँचल खोंसे, हाथ में कीलें और हथौड़ी लिए, उन मुखौटों को सजाने के लिए दीवारों पर जगह खोजने लगी।

प्रशान्त अभी खाने की मेज़ पर ही बैठा था। दाँत कुरेदता हुआ बोला—इतनी उतावली क्या है ? सुबह लगा लेना...।

समीरा ने बिल्कुल किसी उत्सुक बच्ची की तरह जवाब दिया—नहीं, हम तो अभी लगाएँगे।...ज़रा मदद करो न...!

समीरा की उस उतावली को देखकर प्रशान्त मदद के लिए मेज़ से उठ आया। वह अपनी राय देने लगा—यह मास्क यहाँ लगाओ...यह वाला वहाँ...यह मूर्ति वहाँ, उस कोने में रखो...और यह...।

समीरा तुनक गई, बोली—यह मुझे तय करने दो। इतना बड़ा बँगला है, इसमें रहना मुझे पड़ता है। तुम तो सिर्फ़ आते-जाते हो। जहाँ-जहाँ मेरा मन होगा, वहाँ लगाऊँगी।

और उसने अपने हिसाब से जगहों का चुनाव शुरू किया। कुछ सोचकर बोली—जब तुम साइट पर चले जाते हो, तो मैं इस लम्बे गलियारे से लौटती हूँ। तब यहाँ बहुत अकेलापन लगता है...इसलिए एक मूर्ति यहाँ रहेगी...फिर दोपहर में उत्तरवाला कमरा ठंडा रहता है, उसमें बैठती हूँ, एक मास्क वहाँ...।

—और हॉल में यह बड़ी वाली मूर्ति सजा दो...प्रशान्त बोला तो समीरा फिर तुनक गई—तुम्हें मालूम ही क्या है ! हॉल में मैं कभी बैठती ही नहीं...।

—अरे कोई आता है, जाता है, वहाँ बहुत जँचेगी।

—मैं घर अपने लिए चाहती हूँ, दूसरों के देखने के लिए नहीं।... समीरा ने कहा और एक मूर्ति की ओर इशारा करते हुए बोली—ये तीसरी उधर पश्चिम वाले बरामदे में रहेगी, जहाँ मेरी शामें बीतती हैं. ..तुम्हारे इन्तज़ार और सूरज को डूबते देखने में। जब सूरज डूब जाता है और तुम नहीं आते, तो सूनापन बहुत काटता है।

—ओह, समी !...दीवार पर कील ठोंकते हुए प्रशान्त ने हाथ रोककर समीरा के कंधे पर रख दिया।—तुम तो जानती हो, मैं...मैं खुद कितना महसूस करता हूँ कि तुम अकेली होगी, पर...।

—तुम्हें दोष थोड़े ही दे रही हूँ। काम तो काम है...कहते हुए समीरा ने एक मूर्ति उसकी ओर बढ़ा दी।—लो, लगाओ...!

प्रशान्त ने कील ठोंककर उस मूर्ति को दीवार पर अटका दिया।

बेडरूम के लिए समीरा ने एक मुखौटा चुना था—आदिवासी चेहरा, आबनूस की तरह काला। डबल बेड के ऊपर दीवार के बीचोबीच उसे लगाकर वह निश्चिन्त हो गई।

प्रशान्त बहुत खुश था। समीरा का मन कुछ तो हलका हुआ। बिस्तर पर बैठते हुए और ज़रा हवा लेते हुए बोला—एक बात है, समी ! इस नौकरी में दूर-दराज इलाक़ों में जरूर रहना पड़ता है, पर लोगों का प्यार बहुत मिलता है। सब चीज़ों की सुविधा रहती है...ठेकेदार लोग बहुत ख़याल रखते हैं कि कहीं कोई तकलीफ़ न होने पाए...।

तभी समीरा ने कहा—हाँ, मैं तो तुम्हें बताना ही भूल गई। यह चादर और इसके साथ तीन चादरें और भी दे गया है—तुम्हारा वह ठेकेदार, जो राशन सप्लाई करता है। बताने लगा—अपने घर की हैं, मेम साब ! भिवंडी में हमारा पावरलूम है। हम ये चादरें बनाते हैं। एक्सपोर्ट भी होती हैं। मैंने पैसे देने की बहुत कोशिश की, पर उसने लिए ही नहीं।

—मैंने ख़याल ही नहीं किया। हाथ से चादर को टटोलकर, उसकी बुनाई को प्रशंसा-भरी नज़रों से देखते हुए प्रशान्त ने कहा—बड़ा खूबसूरत पैटर्न है। यहाँ के लोग बड़े कारीगर हैं। इनके हाथों में कमाल

का हुनर है।

समीरा भीतर गई और शेष तीनों चादरें भी उठा लाई। खोलकर दिखाते हुए बोली–ये देखो ! ये और भी खूबसूरत हैं...।

दूसरे दिन सवेरे ख़ज़ांची बाबू आ गए। साथ में एक मज़दूर था। आते ही ख़ज़ांची बाबू ने साब और मेम साब को सलाम ठोंका और मज़दूर को इशारा किया। मज़दूर ने अपनी चादर की गठरी से कच्चे जंगली आम वहीं फ़र्श पर बिखेर दिए।

–अरे, इतने आम ! समीरा हैरान थी–हम इनका क्या करेंगे ?

–अचार डालिए, सुखाइए, अमचूर बनाइए। ख़ज़ांची बाबू ने कहा।

–पर बनाएगा कौन ?

–मज़दूरों की बस्ती में इतनी औरतें हैं, जितनी कहिए, भिजवा दूँ। ख़ज़ांची बाबू के पास जैसे हर समस्या का हल मौजूद था।

प्रशान्त ने पर्स से पैसे निकालकर मज़दूर को देने चाहे, तो ख़ज़ांची बाबू बोले–अरे साब, पैसे किस बात के ? ये तो क़ुदरत ने पैदा किए हैं...इस भाई को एक पेड़ पर चढ़ा दिया था...।

–बस, यही मुश्किल है। समीरा बोली–कोई पैसे ही नहीं लेता। प्रशान्त, न हो तो तुम उस ठेकेदार को चादरों के पैसे दे देना। मुझसे तो उसने लिए नहीं।...यह अच्छा नहीं लगता। पैसे ले लेता तो मैं सब कमरों के लिए नए पर्दे भी मँगवा लेती। हैंडलूम के पर्दे खूबसूरत भी होते हैं और मज़बूत भी।

–यही तो मुश्किल है। प्रशान्त ने कहा। वह पैसे लेगा नहीं। तुम कभी बम्बई जाओ तो पर्दे ख़रीद लाना। मैं जाता हूँ तो वक़्त ही नहीं मिलता...।

ख़ज़ांची बाबू ने दोनों को देखा।

–पता नहीं, तुम्हें फ़ुर्सत कब मिलेगी ! समीरा थोड़ा-सा तुनकी।

–पूरी जिन्दगी काम में ही निकल जाएगी। और क्या ! ख़ज़ांची बाबू ने अपना नजरिया पेश कर दिया–एक बात कहूँ, मेम साब ! हर आदमी काम-काम चिल्लाता है। वक़्त की कमी की शिकायत करता है, पर असल में देखिए तो पूरी जिन्दगी में वह दस साल से ज़्यादा काम नहीं करता।

—वह कैसे ?

—मान लीजिए, आदमी की औसत उम्र है साठ बरस। साठ में से सीधे-सीधे बाईस-पच्चीस तो वह डिग्री हासिल करने और काम की तलाश में लगा देता है। यानी हाथ में बचे कुल पैंतीस बरस। इन पैंतीस वर्षों का हिसाब लगाइए...पैंतीस इंटू तीन सौ पैंसठ इंटू चौबीस—इक्वल टू तीन लाख छह हज़ार तीन सौ साठ घंटे। अब घटाना शुरू कीजिए—औसतन आदमी आठ घंटे रोज़ाना सोता है। दो घंटे पूजा-पाठ, नहाना, शेव करना। एक घंटा रोज़ाना खाना-पीना, एक घंटा चाय-पानी, दो घंटे काम करने की जगह पहुँचने में...यानी चौबीस में से रोज़ाना क़रीब चौदह घंटे दीगर कामों में जाते हैं। फिर बीमारी, त्योहार, सफ़र, छुट्टियाँ, समस्याएँ—इनका हिसाब लगाइए। साल में दो महीने इन सबके लिए रख लीजिए। यानी दस महीने इक्वल टू तीन सौ दिन इंटू चौबीस घंटे माइनस दस घंटे रोजाना...।

ख़ज़ांची बाबू हिसाब समझाने लगे तो समीरा और प्रशान्त दोनों ही घबरा गए। समीरा ने जैसे हथियार डालते हुए कहा—आप सिर्फ़ जवाब बता दीजिए...।

—नहीं-नहीं, आप खुद हिसाब लगाकर देखिए। आदमी चीख़ता बहुत है, पर बिल्कुल साइंटिफ़िक तरीक़े से देखा जाए तो उम्र-भर में वह आठ बरस से ज़्यादा काम नहीं करता। मैथेमेटिक्स प्रूव्ज़ इट।

—आपकी दलीलें लाजवाब होती हैं, ख़ज़ांची साब ! समीरा ने कहा—एकदम अकाट्य।

—यह इस टामी की वजह से है, मेम साब ! यह सिर्फ़ सुनता है। आदमी और कुत्ते में फ़र्क सिर्फ़ इतना है कि आदमी कुत्ता हो सकता है, कुत्ता आदमी नहीं हो सकता।

प्रशान्त एकाएक हँस दिया। बोला—आमों के अलावा भी कुछ काम था ?

ख़ज़ांची बाबू ने कामों की लम्बी फ़ेहरिस्त पेश कर दी। देखते ही प्रशान्त को चाय का ध्यान हो आया। समीरा से फ़रमाइश करता हुआ बोला—ज़रा नींबू-शहदवाली चाय।

समीरा उठकर चाय बनाने चली गई।

जब तक समीरा चाय बनाकर लाई, ख़ज़ांची बाबू जा चुके थे। चाय का कप प्रशान्त की ओर बढ़ाते हुए बोली—यह तुमने कैसे-कैसे लोगों

को पाल रखा है !

प्रशान्त उसकी ओर देखता रह गया।—क्यों ?

—एक से एक नमूने हैं। ये सब वे लोग हैं, जो या तो घर-बार से फ़ारिग़ हो चुके हैं, या वे जो घर-बार से वाक़िफ़ नहीं हुए हैं... ताज्जुब तो मुझे तुम पर होता है कि...।

प्रशान्त ने उसकी बात को बीच में ही काट दिया—ताज्जुब मुझे तुम पर भी होता है, समीरा ! लगता है, जो कुछ मेरे चारों तरफ़ है, उसमें तुम्हारी रुचि टूटती जा रही है, चाहे वह प्रकृति हो, काम हो या लोग...।

—यह तो तुम्हीं बेहतर जानते होगे।

समीरा ने बात बेहद उखड़ेपन से कही। प्रशान्त ने चाय का घूँट भरा तो उसे लगा, शहद में कुछ कसैलापन आ मिला है...।

भीतरी गाँवों से हरकारा आया था। नकुल ने चीफ़ के नाम लम्बी चिट्ठी भेजी थी। जो पैमाइशें करनी थीं, उनका ब्यौरा भी था। स्टोन-क्वेरी की तलाश करनी थी, उसकी सूचना भी और आदिवासियों के बढ़ते हुए विरोध की जानकारी भी।...उसने लिखा था : सच पूछिए तो इसमें मेरी जातिवालों का अंधविश्वास ज़्यादा काम कर रहा है, स्वार्थ नहीं। उन्हें यह लगता है कि नदी के पानी को बाँधने से उन पर मुसीबतों के पहाड़ टूट पड़ेंगे। इसलिए अंधविश्वास के तहत वे विरोध कर रहे हैं। पर मैं कोशिश कर रहा हूँ कि इनके विरोध को तोड़ पाऊँ...इन्हें समझाने की कोशिश कर रहा हूँ...क्या और कितना कर पाऊँगा, अभी कुछ कह नहीं सकता...आशा कम है, पर विश्वास क़ाफी है।

चिट्ठी पढ़ते ही प्रशान्त ने दफ़्तर में मीटिंग बुलाई। मीटिंग में यही तय पाया गया कि आदिवासियों से गाँव ख़ाली कराने का टेढ़ा मसला अकेले नकुल नहीं सुलझा सकेगा। यदि आदिवासी नहीं मानते तो उनके साथ कड़ा रुख़ अपनाया जाए।

मीटिंग बर्ख़ास्त हुई तो प्रशान्त ने फ़ौरन मुख्यमन्त्री को फ़ोन किया। आदेश मिला—तुरन्त बम्बई चले आओ।

प्रशान्त ने बँगले पर फ़ोन किया। फ़ोन की घंटी बजती रही। कोई

उठाने नहीं आया। प्रशान्त झल्ला उठा। उसने हारकर खत लिखा और चपरासी के हाथ समीरा के पास भिजवा दिया। ख़त में सिर्फ़ इतनी-सी सूचना थी कि मेरा सूटकेस तैयार कर दो। फ़ौरन बम्बई जाना है। चपरासी ख़त लेकर चला गया।

हरकारा अभी अगले आदेश के इन्तज़ार में खड़ा था। प्रशान्त ने नकुल के नाम एक चिट्ठी जल्दी से घसीटी कि अब वह गाँववालों के साथ वक़्त ख़राब न करे, तुरन्त लौट आए।

प्रशान्त घर आया तो सूटकेस तैयार था। साथ में समीरा का अपना सूटकेस भी। जीप बाहर खड़ी थी।

प्रशान्त के आते ही समीरा बोली—मैं भी तुम्हारे साथ चलूँगी। मेरा मन यहाँ नहीं लगता।

—पर समीरा, मैं सरकारी काम से जा रहा हूँ।

—और मैं सरकारी कामों के लिए यहाँ अकेले रुकने को तैयार नहीं हूँ।

प्रशान्त को यह उम्मीद नहीं थी। वह समीरा के इस बदले हुए रुख़ को समझ नहीं पाया। और फिर बम्बई में जितनी फुर्ती से उसे सब काम निबटाना था, उसमें समीरा के जाने से ख़लल पड़ता। प्रोजेक्ट को लेकर जिस तरह की कठिनाइयाँ सामने थीं, उनमें किसी तरह की भी ढील काफ़ी नुक़सानदेह हो सकती थी।

प्रशान्त सोचता रह गया, अपनी ही परेशानियों में मुब्तिला।

—मैं जाऊँगी, प्रशान्त...तुम्हारे साथ...।

प्रशान्त ने धैर्य और समझदारी से काम लेना बेहतर समझा। वह महसूस कर रहा था, धीरे-धीरे उसके और समीरा के बीच सम्बन्ध रबड़ की तरह खिंचकर तनते जा रहे हैं। कहीं ऐसा न हो कि...।

—ज़रा समझने की कोशिश करो, समी ! उसने कहा। ये सब मैं खुद अपने लिए नहीं, तुम्हारे लिए ही कर रहा हूँ। एक काम में अगर मुझे सफलता मिलती है तो क्या वह सफलता तुम्हारे लिए भी नहीं है ?

—मुझे सफलता की नहीं, तुम्हारी ज़रूरत है।

—पर तुम जानती हो, समीरा, असफल आदमी की ज़रूरत किसी को नहीं होती।

समीरा भावुक हो उठी। भावुक से भी अधिक उदास। वह प्रशान्त की ओर देखती रह गई, जैसे उसके सामने कुछ अरसा पहले का प्रशान्त

आ खड़ा हुआ हो और यह 'नया' प्रशान्त उस 'पुराने' प्रशान्त को लगातार हराए चला जा रहा हो।—मैंने किसी आदमी की नहीं, सिर्फ़ प्रशान्त की ख़्वाहिश की थी...उसने भरे-से स्वर में कहा। तुम चाहते हो कि मैं तुम्हें समझूँ...मैं चाहती हूँ कि तुम भी मुझे समझो...।

—देखो समीरा ! बचपना छोड़कर जरा गम्भीरता से सोचने की कोशिश करो। यह व्यस्तता हमेशा नहीं रहनेवाली है...यह प्रोजेक्ट पूरा हो जाए, उसके बाद आराम ही आराम रहेगा। फिर तुम होगी, मैं हूँगा और हमारी अपनी दुनिया...ज़िद मत करो...ज़िद से परेशानियाँ कम नहीं होतीं, बढ़ती ही हैं...।

समीरा पिघल गई। उसने अपना सूटकेस रख दिया।

चलने लगा तो प्रशान्त बोला—अपने-आपको यहाँ के वातावरण में रचाने की कोशिश करो, समी...ऐसी मत बनो...इधर-उधर थोड़ा-सा घूम आया करो...तुम्हें तो ये वादियाँ बहुत पसन्द आई थीं न...!

—मुझे नहीं, हमें।

—समी, आदमी की आदत होती है न, उसे जो मिल जाता है वही निरर्थक लगने लगता है...बाक़ी सब कुछ सार्थक है...है न ?

—मैं तुम्हें मिल गई हूँ न...।

समीरा के इस व्यंग्य पर बरामदे की सीढ़ियाँ उतरते-उतरते प्रशान्त एक क्षण के लिए ठिठक गया। फिर आगे बढ़ते हुए उसने समीरा का बाक़ी वाक्य भी सुना—तुम अभी तक मुझे नहीं मिले हो...।

प्रशान्त गम्भीर हो गया, पर बहस में उलझने का वक़्त उसके पास नहीं था। बिना मुड़कर देखे वह जीप में जाकर बैठ गया।

जीप चली तो उसके दिमाग़ में आनेवाली मीटिंग की बातें घुमड़ने लगी थीं। काफ़ी देर तक यह बातें समीरा की बातों के साथ गड्ड-मड्ड होकर उसे परेशान करती रही।

ख़ज़ांची बाबू ने ठेकेदार को बता दिया था कि मेम साब को पर्दों की ज़रूरत है। वह पर्दों का कपड़ा लेकर चला आया। पर उसे उस तरह की बातों की उम्मीद नहीं थी जो उसे सुनने को मिलीं।

समीरा का मूड अभी तक ख़राब था। ठेकेदार के इतना कहने पर

ही कि वह पर्दों के लिए कपड़ा लेकर आया है, समीरा उस पर बरस पड़ी—आप क्या समझते हैं ! इस तरह मुझे रिश्वत देकर आप अपना उल्लू सीधा कर लेंगे ? उठा ले जाइए ये कपड़े !

ठेकेदार भौंचक्का रह गया। वह मेम साब का रुख़ समझ ही नहीं पाया। उसके पसीना छूट गया। वह ज़लील होकर रह गया।

—आपने फिर कभी इस बँगले में क़दम रखा तो बाहर फिंकवा दूँगी।...तैश में समीरा अपना आपा भूल गई थी।

ठेकेदार उसी तरह भौंचक्का-सा वहाँ से चला गया तो समीरा तेज़ी के साथ भीतर चली गई। उसे घर की हर चीज़ बहुत भद्दी और भौंडी लग रही थी...अपनी जिन्दगी की तरह उस विशाल प्रोजेक्ट का ही एक हिस्सा, जिसकी अकेली कोई वक़त नहीं थी।

प्रशान्त लौटकर आया तो वह बहुत खुश था। मुख्यमन्त्री ने उसकी क्षमताओं की तारीफ़ की थी और साथ ही यह भी सलाह दी थी कि आदिवासियों को, जैसे भी हो, समझा-बुझाकर शान्त किया जाए। उन्होंने प्रशान्त की क़ाबिलियत में पूरा भरोसा व्यक्त किया था और उसे अधिकार दिए थे कि वह जिस ढंग से चाहे, आदिवासियों और दूसरी समस्याओं को सुलझा ले।

प्रशान्त उम्मीद करता था कि समीरा उसकी खुशी में खुश होगी, लेकिन समीरा ने न कोई खुशी ज़ाहिर की, न ही किसी तरह का उत्साह दिखाया।

साइट पर पहुँचकर प्रशान्त ने हरकारे से नकुल को ख़बर भेजी कि जैसे भी हो, डैम के लिए उसे सभी लोगो को जीतना है...नकुल को वहीं आदिवासी इलाक़े में नई क्वेरी और पैमाइश का काम देकर रुकने की सुविधा दे दी गई थी।

काम फिर ज़ोरों पर चलने लगा था और ज्यों-ज्यों काम का ज़ोर बढ़ता जा रहा था, प्रशान्त प्रोजेक्ट में उतना ही डूबता चला जा रहा था।

उधर समीरा उतनी ही अधिक अकेली होती जा रही थी।

बाँध का पहला चरण क़रीब-क़रीब पूरा हो चला था। प्रशान्त बहुत व्यस्त था। समीरा बहुत अकेली। अब उसने भी अपने-आपको स्थितियों के अनुरूप ढालना शुरू कर दिया था। वह ऐसे ही घूमने-घामने निकल जाती थी। अकेली।

एक दिन ऐसे ही वह चली जा रही थी, अपनी ही धुन में खोई कि जंगल में उसे कुछ आवाज़-सी सुनाई दी—घरघराहट की ! लगा कि कोई मशीन चल रही है—उसने दूर तक जंगली सड़क पर देखा कि तभी सामने से आती जीप ने उसके पाँव रोक लिए। ड्राइवर ने भी मेम साब को पहचान लिया। उसने जीप रोक दी और सलाम किया। तब समीरा ने देखा—एक घायल, आधा बेहोश आदमी जीप में बैठा था। एक क्षण बाद समीरा ने पहचाना—वह नकुल था।

—इन्हें क्या हुआ ? उसने ड्राइवर से पूछा तो ड्राइवर ने बताया—कुछ आदिवासियों ने साब पर हमला कर दिया...।

—कुछ नहीं, ऐसे ही...नकुल ने कहा। कोई ख़ास बात नहीं है। मामूली-सी चोटें हैं, ठीक हो जाएँगी। पर सबसे बड़ी बात यह हुई कि मुखिया लोग मान गए हैं और गाँव खाली करने को तैयार हो गए हैं...।

समीरा का पूरा ध्यान नकुल की चोटों की ओर था, पर नकुल ऐसे बात कर रहा था जैसे कुछ हुआ ही न हो।

—आप कहाँ जा रही थीं ? नकुल ने पूछा।

—ऐसे ही...मैं तो लौट रही थी।

—पर यह रास्ता तो कॉलोनी की तरफ़ नहीं जाता।

—याद ही नहीं...कि मैं जा रही थी या लौट रही थी। बस, घूमने निकली थी...समीरा ने कहा।

—इतनी दूर अकेली मत निकला कीजिए। नकुल बोला। जंगली इलाक़ा है...वापस चलेंगी ?

—चलिए, वापस ही चलती हूँ। समीरा ने कहा, तो उसका हाथ पकड़कर नकुल ने उसे जीप में बैठा लिया। बाँह पर जोर पड़ा तो एक जगह लगी चोट से फिर खून बहने लगा। समीरा ने देखा। नकुल ने जैसे देखकर भी नहीं देखा। खून को पसीने की तरह पोंछ लिया।

जीप चल दी।

कुछ देर तक जीप में खामोशी रही। समीरा नकुल के ज़ख्मों को

देख रही थी और ख़ामोश थी। नकुल जैसे कहीं भी नहीं देख रहा था।

जीप में कुछ हरे पौधे पड़े थे। समीरा का ध्यान उधर गया तो उसने पूछ लिया—ये क्या हैं ?

—ये कच्ची हल्दी के पौधे हैं...ये गाँठें ही हल्दी हैं। नकुल ने बताया। आपके लिए ही गाँव से लेता आया। कच्ची हल्दी को सिरके में भिगो दीजिए तो बहुत ज़ायकेदार हो जाती है।

—और पीसकर लगा दीजिए तो ज़ख़्म ठीक हो जाते हैं। बड़ी कारगर चीज़ है, मेम साब ! ड्राइवर ने जोड़ दिया।

—अपनी कॉलोनी में कोई डॉक्टर तो है नहीं...समीरा ने चिन्ता से कहा।

नकुल बोला—डॉक्टर की पोस्ट तो है, डिस्पेंसरी के लिए हमने जगह भी बनाई है, पर कोई डॉक्टर टिकता ही नहीं।

—तो आप अभी कॉलोनी जाएँगे ? मेरे ख़याल से तो आपको सीधे बस्ती जाना चाहिए। पहले मरहम-पट्टी करवा लीजिए...समीरा ने कहा।

—नहीं-नहीं, ऐसा कुछ नहीं है। हल्दी पीसकर लगा लूँगा...ठीक हो जाऊँगा। नकुल ने जवाब दिया।

नकुल की जीप कॉलोनी के पास पहुँची तो उसने कहा—साब तो घर पर होंगे।...ड्राइवर, बँगले पर चलो।

समीरा बोली—मेरे ख़याल से तो वे अभी साइट पर ही होंगे। पर मुझे आप बँगले पर छोड़ दीजिए...।

नकुल ने समीरा को बँगले पर ही छोड़ दिया। हल्दी के पौधों का बँधा गट्ठर भी दे दिया और खुद कॉलोनी की ओर चला गया।

रात को प्रशान्त बँगले से ही सबको फ़ोन खड़काता रहा—मुख्यमन्त्री को, मुख्य सचिव को, कलक्टर और तहसीलदार को। सबसे क़रीब-क़रीब एक ही तरह की बातें हुईं—जी, सब ठीक हो गया है...अब कोई अड़चन नहीं है। आख़िर मानते कैसे नहीं ?...जी हाँ, बड़े धीरज से काम लेना

पड़ा, नहीं तो यह योजना कभी पूरी नहीं हो सकती थी।...जी हाँ, बहुत भाग-दौड़ करनी पड़ी। कई-कई बार आदिवासी गाँवों में जाना पड़ा... जी हाँ, पर काम तो करना ही था...हाँ, अब आदिवासी गाँव ख़ाली करने को राज़ी हो गए हैं, बस अब उनके लिए हाउसिंग का इन्तज़ाम करना पड़ेगा...जी हाँ, अब कोई अड़चन नहीं है...नहीं-नहीं, इसमें मेरा क्या है ! जो काम करना है, वह तो करना ही है। अच्छा यही हुआ कि पुलिस फ़ोर्स की ज़रूरत नहीं पड़ी।...जी...मैं कल ही डिटेल रिपोर्ट भेज दूँगा...जी...।

समीरा दूसरे कमरे में थी। प्रशान्त की बातें उसके कानों तक आती रहीं। वह सब सुनती रही, समझती रही। कहीं उसका ध्यान इस ओर भी था कि प्रशान्त ने एक बार भी नकुल का जिक्र किसी से नहीं किया। मसला सुलझा लेने का सारा श्रेय बहुत शालीनता से वह खुद ही लेता जा रहा था।

सबको फ़ोन करने के बाद जब प्रशान्त प्रशंसा और सन्तोष से फूला हुआ लेटने के लिए आया, तो समीरा कुछ बुझी-बुझी-सी थी। उसे खुश करने और अपनी हवा बाँधने के ख़याल से उसने कहा—चीफ़ सेक्रेटरी तो सुनकर उछल पड़े।

समीरा ने कोई प्रतिक्रिया व्यक्त नहीं की। डबल बेड के एक कोने पर टाँगें पसारे बैठी रही।

प्रशान्त उसके पास सरक आया—एक बात है। औरतों की नज़र बड़ी तेज़ होती है। वह बोला—तुम ठीक कहती थीं, यह नकुल बड़ा अजीब आदमी है। बहुत हवा लेने लगा है।...समझता है, सारा काम उसी ने किया है।...

समीरा आश्चर्य से प्रशान्त की ओर देख रही थी। पर कहीं उसके सामने नकुल के ज़ख्म लाल जंगली फूलों की तरह दहक रहे थे।

रात-भर जंगली फूल उसे परेशान करते रहे।

सुबह उठकर प्रशान्त ने पहला काम यह किया कि अपने स्टेनो को बुलवाकर पूरी रिपोर्ट डिक्टेट करवाई कि किस तरह और कितनी मुश्किल से आदिवासियों के बारह गाँव ख़ाली करवाने का काम पूरा किया गया है। अब फ़ौरन कलक्टर साहब को भेजकर मुआवज़े का

रुपया बँटवा दिया जाए। मेरी राय में उनके लिए आवास का इंतजाम ज़रूरी नहीं है। जो रुपया उन्हें मुआवज़े के रूप में दिया जाएगा, उसी से वे अपनी झोंपड़ियाँ डाल लेंगे। उसके लिए जगह तय कर दी गई है।

प्रशान्त बरामदे में बैठे-बैठे स्टेनो को यह डिक्टेशन दे रहा था और उधर समीरा रसोई में हरी हल्दी की गाँठें पीस रही थी। प्रशान्त की आवाज़ टुकड़ों-टुकड़ों में उसके कानों तक पहुँच रही थी।

पूरी रिपोर्ट और अपने सुझाव डिक्टेट कराने के बाद प्रशान्त उठ खड़ा हुआ। स्टेनो से बोला—इसे टाइप करके रखो। मैं अभी आता हूँ।

स्टेनो चला गया तो प्रशान्त सीधा बाथरूम में घुस गया। बड़ी जल्दी तैयार होकर वह साइट की तरफ़ चला गया। आज जैसे उसके पंख लग गए थे।

प्रशान्त साइट-ऑफ़िस चला गया, तो समीरा ने अर्दली को बुलाया। अर्दली आया। एक प्लेट में पिसी हल्दी देते हुए समीरा ने उससे कहा—यह नकुल साब के यहाँ दे आओ।

अर्दली चला गया। समीरा फ़ोन की ओर बढ़ी। रिसीवर उठाकर वह एक क्षण के लिए ठिठकी। फिर उसने नम्बर मिला ही दिया। दूसरी ओर घंटी बजी। क़रीब आधे मिनट बाद नकुल की आवाज़ आई—हलो...नकुल...।

—मैं समू...मैं मिसेज प्रशान्त बोल रही हूँ...।

—ओह...आप कहिए...हल्दी सिरके में डाली ?

—जी ! सिरके में भी डाली है और...पीसकर आपके लिए भी भिजवाई है, चोटों पर लगा लीजिएगा...।

—अरे ! आपने क्यों तकलीफ़ की ?

—कल डॉक्टर को ज़रूर दिखा लीजिएगा...।

—बहुत-बहुत शुक्रिया...!

—और सुनिए...।

—जी !

—कुछ पढ़ने के लिए हो तो भिजवा दीजिएगा...अर्दली आ रहा है...!

—जी...।

—वैसे बेहतर हो, डॉक्टर से ड्रेसिंग जरूर करवा लें...।

—जी...!

और समीरा ने रिसीवर रख दिया।

नकुल रिसीवर को पकड़े खड़ा रह गया। वह समझ नहीं पाया था कि एकाएक यह क्या हो गया ! उसने क्या बात की, क्या कहा, यह भी याद नहीं रहा। सिर्फ़ एक ही वाक्य बार-बार उसके दिमाग़ में गूँजता रहा—'कुछ पढ़ने के लिए हो तो'...और फिर—'वैसे बेहतर हो, डॉक्टर से ड्रेसिंग ज़रूर करवा लें...।'

रिसीवर रखकर वह पास की मेज़ की ओर देखने लगा। पत्रिकाओं का पुलिंदा वहाँ पड़ा था, जो बँगले की झाड़ियों के पास से कभी वह उठा लाया था। धूल की परत उस पर जम गई थी। तब पता नहीं चल पाया था कि पुलिंदा साब ने फेंका था या मेम साब ने, पर अब, लगता है, साब ने ही फेंका होगा।

उसने पुलिंदे को उठा लिया और भीतर जाकर तौलिये से उसकी धूल झाड़ दी। तभी अर्दली ने आकर सलाम ठोंका। पिसी हल्दीवाली प्लेट देते हुए बोला—मेम साब ने आपके लिए दी है।

नकुल ने प्लेट ले ली। उसे मेज़ पर रखा और पत्रिकाओंवाला पुलिंदा अर्दली को देते हुए बोला—यह मेम साब को दे देना...।

अर्दली पुलिंदा लेकर चला गया।

नकुल वहीं कुर्सी पर बैठ गया। हल्दी की प्लेट सामने मेज़ पर रखी हुई थी। एक बार उसने छूकर अपने ज़ख़्मों को महसूस किया, फिर उसका हाथ हल्दीवाली प्लेट की ओर बढ़ा, पर अँगुलियाँ सिर्फ़ उसके किनारे को सहलाकर रह गईं। फिर वह उठ खड़ा हुआ और भीतर जाकर कपड़े बदलने लगा।

नकुल ज़ख़्मों पर ड्रेसिंग करवाने के लिए बस्ती जाने से पहले साइट-ऑफ़िस में पहुँचा। उस वक़्त मुख्य सचिव के लिए प्रशान्त की रिपोर्ट डिस्पैच हो रही थी। एक कॉपी स्टेनो की ट्रे में पड़ी थी—फ़ाइल करने के लिए। नकुल की नज़र उस पर पड़ी, तो उठाकर देखने लगा। जैसे-जैसे वह रिपोर्ट पढ़ता गया, उसके चेहरे का रंग बदलता गया। फिर वह स्टेनो से बोला—द फैक्ट्स आर आल रांग। ये सब ग़लत हैं। आदिवासियों के साथ हमारे समझौते की शर्तें बिल्कुल दूसरी हैं। यह रिपोर्ट नहीं जा सकती।

स्टेनो ने इतना ही कहा—मैं कुछ नहीं जानता। जो रिपोर्ट साब ने डिक्टेट करवाई, वही मैंने टाइप कर दी है।

—मैं देखता हूँ। कहते हुए नकुल रिपोर्ट लेकर सीधा प्रशान्त के कमरे में घुस गया। जाते ही बोला—सर...!

प्रशान्त ने उसकी ओर देखा। नकुल के चेहरे पर तनाव था।

—यस।

—सर ! इस रिपोर्ट में ख़ामियाँ हैं। मैंने उन लोगों से तय किया था कि हम सरकार की तरफ़ से उन्हें झोंपड़ियाँ बनाकर देंगे...घर बनाने का खर्चा सरकार का होगा—मुआवज़ा अलग...मुआवज़ा तो उनकी ज़मीन के लिए है...मैंने जो तय किया है, शर्तें वही रहनी चाहिए...। मैंने उनसे...

—यह मैं-मैं क्या होता है ? प्रशान्त सहसा अफ़सर में तब्दील हो गया।—तुम क्या हो ? सरकारी नौकर के अलावा तुम्हारी हैसियत क्या है ? क्या तुम सरकार से ऊपर की चीज़ हो ? जो सरकार तय करेगी, वही होगा। मेरी बात चीफ़ सेक्रेटरी से हुई है और हम लोगों ने इन्हीं शर्तों को तय किया है...।

—पर...पर यह ग़लत है, सर ! मैं इससे एग्री नहीं करता...।

—तुम एग्री नहीं करते ?...प्रशान्त को उसका तना हुआ रुख़ खल रहा था, जैसे सिर्फ़ वही सब कुछ करके आया हो।—यह डैम तुम्हारे अपने लिए बन रहा है कि मुआवज़े की शर्तें तुम तय करोगे !

—पर मैं उन्हें क्या मुँह दिखाऊँगा, सर ?

—मुँह दिखाने की ज़रूरत ही क्या है ? इतना तो वह भी जानते हैं कि ज़बरदस्ती वे अपने गाँवों में टिके नहीं रह सकते। ज़रूरत पड़ती तो पुलिस उन्हें एक घंटे में गाँवों से खदेड़ बाहर करती...इतना कम है क्या कि उन्हें मुआवज़ा दिया जा रहा है ?

नकुल कुछ नहीं कह पाया। भीतर वह कहीं अपमानित और पराजित होकर रह गया था। बिना कुछ उत्तर दिए, फिर भी आँखों में तकलीफ़ और आक्रोश लिए वह बाहर निकल गया।

दोपहर तक नकुल का मूड ख़राब रहा। वह ड्रेसिंग कराने भी नहीं गया। जख़्म भी दुखते रहे और मन भी।

दोपहर को ही वह घर लौट गया। घर जाते हुए चीफ़ के बँगले की ओर नज़र गईं, तो उसने देखा, समीरा बरामदे में बैठी कोई पत्रिका पढ़ रही थी।

घर पहुँचकर उसने फ़ोन उठाया...समीरा को फ़ोन करना चाहा, फिर वह रुक गया...थोड़ी देर बाद नहीं रहा गया, तो उसने नम्बर घुमा ही दिया।

दूसरी ओर घंटी बजती रही। समीरा का ध्यान भंग हुआ। उसने बेमन से, बजते हुए फ़ोन को देखा। उठी। फिर बैठ गई। घंटी बन्द हो गई। उसने राहत की साँस ली, फिर एकदम पलटकर उसने फ़ोन की ओर देखा—कहीं...

तभी फ़ोन की घंटी दोबारा बज उठी। समीरा ने लपककर रिसीवर उठाया—हलो !

दूसरी ओर प्रशान्त था। समीरा का हाथ काँप गया। प्रशान्त कह रहा था—सुनो, रात घर पर कलक्टर और तहसीलदार साहब खाने पर आएँगे। ठेकेदार बाबू भी रहेंगे। शायद इधर से गुज़रते हुए मन्त्रीजी भी आ जाएँ। इसलिए ज़रा ख़याल रखना। मैं चपरासी को भेज रहा हूँ। तुम जीप लेकर बस्ती तक चली जाओ और सारा सामान अभी ले आओ। ठीक है ?

—हाँ...समीरा ने कहा और रिसीवर रख दिया।

समीरा धूप की छतरी लिए बस्ती के बाज़ार में पहुँची, तो नकुल ड्रेसिंग करवाने जा रहा था। समीरा को वहाँ देखकर बोला—आप यहाँ ? कुछ लाना था तो मुझे बता देतीं।

—नहीं...समीरा ने कहा। रात को कुछ लोगों का खाना है घर पर...खरीदारी करने चली आई...।

—तो मुझे बताइए।...कहते हुए नकुल ने झोला वगैरह उसके हाथ से ले लिया।—क्या-क्या लेना है ? सब्जी, मटन, मसाले...टोमैटो सास...रायते के लिए दही। स्वीट-डिश के लिए मिठाई लेंगी या खीर-वीर बनाएँगी ? आइए, अभी सब कुछ लिए लेते हैं।...वहीं खड़े-खड़े नकुल ने अपने-आप ही जैसे सारा मीनू भी तय कर दिया—तीन सब्ज़ियाँ, दो सूखी—भिंडी और आलू...एक रसदार, लौकी के कोफ़्ते, दाल, पुलाव,

सलाद, दही-बड़े और खीर...ठीक !

—कोफ़्ते कौन बनाएगा ? बड़ा झंझट होगा। समीरा ने कहा।

—पर बेमिसाल रहेंगे। नकुल ने कहा।

—वैसे आपने तो पूरा मीनू तैयार कर दिया।

—ओह, सॉरी ! तो आप बोलिए, क्या-क्या लेना है ?

—नहीं, यह बात नहीं। मुझे ताज्जुब हुआ, आपको ये सब काम कैसे आते हैं ?

—जिसे कोई बतानेवाला नहीं होता, वह सब काम खुद ही सीख लेता है...सीखना पड़ता है।

बातों ही बातों में नकुल ने सब सामान खरीदकर जीप में भर दिया। फिर अपनी जीप लेकर वह समीरा की जीप के पीछे-पीछे चलता चला आया।

कॉलोनी का मोड़ निकट आया तो समीरा ने घूमकर पीछे देखा। नकुल अपनी जीप को घुमाकर वापस बस्ती की ओर जा रहा था...।

शाम को घर पर पार्टी में कलक्टर, तहसीलदार, ठेकेदार, ख़ज़ांची बाबू, ओवरसियर—सभी मौजूद थे। मन्त्रीजी का कार्यक्रम बदल गया था। वे दूसरे ज़िले में चले गए थे। नकुल नहीं था। ठेकेदार बाबू से रहा नहीं गया तो उन्होंने पूछ ही लिया—डिप्टी साहब नहीं हैं ?

समीरा पास से गुज़र रही थी। नैपकिनों का पुलिंदा उसके हाथ में था। उसे लगा, ठेकेदार ने उससे ही कुछ कहा है। चौंककर बोली—जी ?...

—मैं डिप्टी साहब के बारे में दरयाफ़्त कर रहा था।

समीरा सकपका गई। फिर संयत होकर मेज़ पर नैपक़िन लगाने लगी।

कलक्टर साहब बाँध के दूसरे चरण के बारे में बातें करते रहे। प्रशान्त भी उनकी बातों में अपनी बातें जोड़ता रहा।

तभी नकुल आया। सबसे हाथ मिलाकर ख़ज़ांची बाबू के पास बैठ गया। कलक्टर साहब ने ड्रेसिंग देखी, तो पूछ बैठे—यह क्या कर लिया, डिप्टी साहब ? कोई एक्सीडेंट ?

ख़ज़ांची बाबू कुछ बोलने ही वाले थे कि प्रशान्त ने बात पकड़ ली—यहाँ की ज़िन्दगी बड़ी सख़्त है, कलक्टर साहब ! खाई-खंदक, पहाड़-पत्थर...और फिर ऐसी योजनाओं का भार उठानेवालों को ये मामूली चोटें तो लगती-लगाती ही रहती हैं।

समीरा ने सुना, पर जैसे अनसुना करके सबसे बोली—आइए, खाना लग गया है।

खाने की तारीफ़ तो होनी ही थी। सब वाह-वाह कर रहे थे। तहसीलदार साहब ने तो हद ही कर दी—इंजीनियर साहब ! यह तो जंगल में मंगल ही कर दिया भाभी जी ने। खाना कमाल का है। और ये कोफ़्ते ! वाह ! यह किसकी च्वाइस है ? आपकी या भाभी जी की ?'

प्रशान्त ने मज़ाक किया—इनकी च्वाइस तो मैं हूँ।

समीरा ने हिचककर एक बार प्रशान्त की ओर देखा, तो प्रशान्त ने नज़र खाने पर लगा दी। फिर तहसीलदार साहब से बोला—कोफ़्ता और लीजिए...!

समीरा सबकी कटोरियों में कोफ़्ते परोसने लगी, तो नकुल ने धीरे से अपनी कटोरी भी बढ़ा दी। समीरा ने आँख उठाकर उसकी ओर देखा। नकुल ने भी देखा। समीरा ने कोफ़्ते परोस दिए।

तभी ख़ज़ांची बाबू ने कहा—सर! दुनिया में ज़्यादातर औरतों को सब कुछ पकाना-बनाना आता है, पर खूबी इस बात में होती है कि कब क्या बनाया जाए। उसूल के तौर पर रसोई का मैथेमेटिक्स सिर्फ़ इतना बताता है कि दो सूखी सब्ज़ियों के साथ एक रसदार तरकारी होनी ही चाहिए। पर वह कोफ़्ते हों...यह उसूल कोई नहीं बताता...यह ईजाद करना पड़ता है...।

—आप कुछ खा तो रहे नहीं हैं। समीरा ने टोका।

—टामी के लिए बचा रहा हूँ। ख़ज़ांची बाबू झट से बोले।

खाना चलते-चलते प्रशान्त और समीरा प्रशंसा से लद-से गए। प्रशान्त की तारीफ़ बाँध को सही तरीक़े से बना ले जाने के लिए चल रही थी, और समीरा की बेहतरीन, लज़ीज़ खाने के लिए।

सबके जाते ही प्रशान्त ने समीरा को बाँहों में भर लिया।

—डार्लिंग ! इसे कहते हैं सक्सेस ! वह बड़े गर्वीले अन्दाज में

बोला—मैंने कहा था न, असफल आदमी की ज़रूरत किसी को नहीं होती।

समीरा कुछ नहीं बोली। उसके चेहरे पर बुझी हुई राख के आसार थे। प्रशान्त बोला—समी ! जर्मन कोलेबोरेशन में एक बहुत बड़े थर्मल प्लांट का प्रोजेक्ट बन रहा है। सरकार उस कंस्ट्रक्शन का चार्ज देने के लिए इंजीनियरों के नामों पर विचार कर रही है। यह बहुत बड़े प्रमोशन का मौक़ा है। इस वक़्त अपने प्रोफ़ेशन को बिज़नेस में बदला जा सकता है। मैं सोच रहा हूँ, कल दिल्ली चला जाऊँ। मेरा वहाँ होना बहुत ज़रूरी है। कम्पिटीशन बहुत टफ़ है। कहीं ऐसा न हो, मेरी ग़ैरमौजूदगी ही मेरी असफलता का कारण बन जाए।...तीन-चार दिनों में वापस आ जाऊँगा।

—इतनी सफलता को लेकर क्या करोगे ? जितनी है, उतनी ही मेरे लिए काफ़ी है। समीरा ने कहा।

—तुम समझती नहीं, समी ! ऐसे मौक़े ज़िन्दगी में बार-बार नहीं आते...आगे बढ़ना हो तो हर मौक़े को दोनों हाथों से पकड़ लेना चाहिए...

—तुम आगे बढ़ते जाओ, पर...यह तो देखते रहो कि कहीं मैं बहुत पीछे न छूट जाऊँ...।

—कैसी बातें करती हो ?

—बातें नहीं, हक़ीक़त है यह...तुमने कभी सोचा है कि मैं कहाँ-कहाँ अधूरी होती जा रही हूँ ?

—सफलता के लिए बड़ी क़ीमत चुकानी पड़ती है समीरा !

—तो ठीक है। जो तुम्हारे मन में आए, करते जाओ...इस ज़िन्दगी के साथ...इस मन के साथ...इस शरीर के साथ...।

प्रशान्त सफलता के सपनों के सरपट दौड़ते घोड़े पर सवार होकर बहुत जल्दी ही नींद की घाटी में उतर गया। समीरा जाने कब तक जागती पड़ी रही।

दूसरे दिन प्रशान्त साइट पर पहुँचा तो वह बहुत खुश था। नकुल पहले

ही वहाँ मौजूद था। हर दिन उठनेवाली समस्याओं और उनके सम्भव समाधान की रिपोर्टें नकुल ही उसे देता था।

नकुल ओवरसियर बाबू से बातें कर रहा था। प्रशान्त ने उसे बुलाया।

नकुल बड़े बेमन से चला आया। प्रशान्त ने उससे पोज़ीशन पूछी तो सरकारी पुर्ज़े की तरह कह दिया—सब ठीक चल रहा है, सर !

प्रशान्त धीरे-धीरे चलने लगा तो नकुल भी आदतन उसके साथ चलने लगा। प्रशान्त ने शाबाशी-भरे स्वर में कहा—देखो नकुल ! यह मत समझना कि मैं तुमसे नाराज़ हूँ। मैं तुम्हारी मेहनत की क़द्र करता हूँ। ज़रूरत पड़ेगी तो तुम्हारा प्रमोशन भी रेकमेंड करूँगा...।

—थैंक्स सर !..नकुल ने इतना ही कहा और प्रशान्त को साइट-ऑफ़िस के दरवाज़े तक छोड़कर चला आया। पर इतने पर भी नकुल वह सब भूला नहीं था, जो प्रशान्त ने आदिवासियों के सिलसिले में उससे कहा था...।

सामने से ख़ज़ांची बाबू आ रहे थे। नकुल को देखकर रुक गए। फिर बोले—क्या बात है, डिप्टी साब ? कुछ गरम-नरम ?

—नहीं, ख़ज़ांची बाबू...ऐसी कोई बात नहीं है। बस, एक बात समझ में नहीं आती। चीफ़ साब जाती तौर पर मेरी तारीफ़ करते हैं, अकेले में मुझे सारे काम का श्रेय देते हैं, पर सबके सामने वही सब कहने से कतरा जाते हैं...।

—इसमें समझ न आनेवाली कौन-सी बात है ? सीधा मैथेमेटिक्स का चक्कर है। हिन्दसे की जगह बदल जाने से उसकी क़ीमत भी बदल जाती है न। अब देखिए—चीफ़ हैं नम्बर एक, आप हैं नम्बर दो। आप दोनों जिस जगह हैं, वहाँ चीफ साहब बारह हो जाते हैं। आपकी तारीफ़ करने लगें तो मुमकिन है हिन्दसे की जगह बदल जाए—दो आगे हो जाए, एक पीछे। तब ? तब आप इक्कीस हो जाएँगे...चीफ़ अगर सबके सामने आपकी तारीफ़ कर दें तो आपकी क़ीमत बढ़ जाएगी...उनकी कुर्सी और ओहदे पर इससे असर पड़ेगा...।

नकुल सोचता खड़ा रह गया। ख़ज़ांची बाबू हँसते हुए आगे निकल गए—समझ गए न...!

दोपहर के वक़्त नकुल और ख़ज़ांची बाबू को दफ़्तर में बुलाकर प्रशान्त ने सूचना दी थी कि आज रात को ही उसे दिल्ली जाना होगा। इसीलिए शाम को दोनों उसके बँगले पर चले आएँ।

शाम को हुक्म के मुताबिक नकुल और ख़ज़ांची बाबू बँगले पर मौजूद थे।

प्रशान्त ने कहा—देखो नकुल, मुझे वहाँ सात-आठ दिन भी लग सकते हैं। ख़ज़ांची बाबू ने कंपेन्सेशन के काग़ज़ात तैयार कर दिए हैं। तहसीलदार साहब से मिल लेना। कंपेन्सेशन की रक़म बँटवाने का इंतज़ाम भी कर देना। ओ.के. ?

—जी, सर ! नकुल ने कहा।

—और आप दोनों ज़रा मेमसाहब का ख़याल रखिएगा...।

—आप फ़िक्र मत कीजिए, सर...ख़ज़ांची बाबू ने कहा तो प्रशान्त मुस्कुरा दिया। बड़े आत्मीयता-भरे स्वर में बोला—आई एम रीयली लकी कि इतने अच्छे लोग मेरे साथ काम कर रहे हैं।

उसी रात प्रशान्त दिल्ली के लिए रवाना हो गया।

प्रशान्त राजधानी गया तो पाँचवें दिन भी नहीं लौटा। वहाँ से फ़ोन आया—समी ! मुझे दो-एक दिन और लग जाएँगे...।

समीरा ने कुछ नहीं कहा। वह ज़ब्त करके रह गई। दिन बहुत अकेले हो गए थे। शामें और रातें तो असह्य बनती जा रही थीं।

आखिर प्रशान्त लौटा। आते ही बोला—मैं इसलिए लौट आया कि तुम बहुत अकेली होगी। वैसे मुझे अभी वहीं रुकना चाहिए था। यही वक़्त है, जब पोस्ट के बारे में सब कुछ मिनिस्ट्री में तय होगा। एक बार इस नए थर्मल प्रोजेक्ट का कंस्ट्रक्शन चीफ़ हो जाऊँ तो फिर अपने मज़े ही मज़े हैं। एक पैर देश में होगा, दूसरा विदेश में...।

—तो लौट जाओ...समीरा ने बड़े अनमनेपन से कहा।

—हाउ नाइस, समी !...आखिर धीरे-धीरे तुम भी मानने लगीं कि सफलता के बगैर जिन्दगी का कोई मतलब नहीं है...है न ?

—हाँ...उस सफलता के लिए चाहे कुछ भी करना पड़े।

प्रशान्त को अपनी दिमाग़ी उड़ानों की वजह से इतनी फ़ुर्सत नहीं थी कि वह समीरा के शब्दों में निहित व्यंग्य और तकलीफ़ को समझने

की कोशिश कर सके। बाँध की प्रगति में भी उसकी कोई रुचि नहीं थी। दो दिन बाद ही वह फिर चला गया।

दो दिन बाद उसने राजधानी से फ़ोन किया। रात को। समीरा पूरे बँगले की बत्तियाँ गुल किए बेडरूम में बैठी थी। रोशनी में उसे जैसे चिढ़-सी होने लगी थी। फ़ोन की घंटी बजी तो उसने उठकर बत्ती जलाई और रिसीवर को उठाकर कान से लगा लिया। बोली कुछ नहीं।

—समी !...प्रशान्त की आवाज आई, बहुत उत्साह से भरपूर... समीरा चुप रही।

प्रशान्त की आवाज़ फिर आई—हलो !...समीरा ! तुम बोलती क्यों नहीं ?...

—सुन रही हूँ...

—सुनो, समी...बहुत अच्छी खबर है। लगता है, सब ठीक हो जाएगा...सेक्रेटरी ने मेरा तगड़ा रेकमेंडेशन किया है। तीन कैंडीडेट्स रन में हैं—पर होगा मेरा ही अपाइंटमेंट...बस, कल या परसों सब तय हो जाएगा। तय होते ही मैं लौट आऊँगा...खुश हो न ?

समीरा रिसीवर को कान से लगाए सुनती रही—पर शब्द जैसे खोए जा रहे थे...उसने धीरे से रिसीवर को कान से अलग हटा दिया। प्रशान्त की आवाज़ आती रही। फिर आवाज़ बन्द हो गई।

समीरा ने रिसीवर को धीरे से वापस रख दिया। बत्ती गुल की और जाकर बिस्तर पर बैठ गई। अँधेरे में उसकी आँखें गीली हो आई थीं...।

चौथे दिन प्रशान्त लौटा।

साइट पर काम वह देख ज़रूर रहा था, पर उसका मन अब यहाँ नहीं था।

घर आकर वह हर रोज दिल्ली फ़ोन करता रहता।

कंस्ट्रक्शन चल रहा था। क्रेनें अपना काम कर रही थीं...क्रशर्स लगातार पत्थरों को पीसकर रेत बनाने में लगे थे...और नदी का रुका हुआ पानी अपनी जगह रुका हुआ था...।

एक शाम प्रशान्त साइट से लौटकर आया तो बोला—मुझे फिर दिल्ली जाना होगा, समी !

—तो जाओ न। बार-बार मुझसे पूछते क्यों हो ? जो तुम्हें करना हैं, करते ही जाते हो।...समीरा ने बड़े उखड़े मूड में कहा।—परसों करवा-चौथ है। लौट सको तो शाम तक लौट आना...।

लेकिन प्रशान्त नहीं लौटा। उसका फ़ोन आया—समी...ये दफ़्तरी काम बहुत झमेले के होते हैं। क्या करूँ, मुझे रुकना ही पड़ेगा। नए थर्मल प्रोजेक्ट के लिए एक इनीशियल बिल्डिंग प्लान बनाने को कहा गया है।

—पर जो काम तुम यहाँ कर रहे हो, उसका क्या होगा ? यह प्रोजेक्ट भी तो तुम्हारा ही है।

—अरे, वह होता रहेगा। एक बच्चा होता है तो उसके घुटनों चलने के बाद दूसरा भी हो सकता है। दोनों पल जाते हैं...प्रशान्त ने अपनी तरफ़ से मज़ाक किया—बट डोंट वरी। मैं जल्दी ही आऊँगा...।

—बेहतर होता, मैं बम्बई चली जाती...।

—क्यों ? अब तो मैं आ ही रहा हूँ। बस, दो या तीन दिन और...उसके बाद तो ये रोज़-रोज़ का चक्कर भी बन्द हो जाएगा...।

करवा चौथ की रात को अकेले ही चाँद देखकर समीरा ने अर्घ्य चढ़ा दिया...।

दूसरे दिन प्रशान्त ने फ़ोन किया तो समीरा का फ़ोन एंगेज्ड था। प्रशान्त ने ऑपरेटर से कहा—फिर से ट्राई करो। फ़ोन एंगेज्ड नहीं हो सकता इस वक़्त, रात में...।

ऑपरेटर ने कहा—मुमकिन है, लाइन खराब हो।

प्रशान्त का समाधान हो गया।

होटल के उस कमरे में कुछ लोग प्रशान्त के साथ बैठे थे। एक दीक्षितजी थे, जो प्रशान्त को थर्मल प्रोजेक्ट दिलवाने में उसकी पूरी मदद कर रहे थे। वे बोले—प्रशान्त साहब ! आप जैसे लोगों की सक्सेस का सेहरा असल में आपकी बीवियों के सिर है। वह अगर इतनी छूट

न दें तो आप कुछ नहीं कर सकते।

प्रशान्त बात को टाल गया, बोला—दीक्षितजी, बस, यह काम बन जाए...।

—बनेगा क्यों नहीं ! यू आर द मोस्ट क्वालिफ़ाइड। और फिर डैम का सारा मसला जिस तरह आपने सँभाला है, उसका बड़ा असर है मिनिस्ट्री में, कि आप क़ाबिल इंजीनियर ही नहीं, बहुत क़ाबिल एडमिनिस्ट्रेटर भी हैं। आपकी धाक जम गई है। आदिवासियों के मसले को सुलझा लेना आसान नहीं था।

प्रशान्त अहं से फूलता रहा।

रात समीरा अकेली थी। रेलिंग के सहारे खड़ी हुई।

दूर चकराती सड़क पर आदिवासियों के गाँव से लौटती नकुल की जीप की हेड-लाइट्स चमक रही थीं। समीरा देखती रही। दो रोशनी भरी आँखें, हिलती, काँपती, चमकती हुई उसकी ओर बढ़ती आ रही थीं। दूर पर घाटी में बाँध फैला पड़ा था।

एकाएक रोशनी बिल्कुल समीरा के ऊपर आ पड़ी। जीप पहाड़ी के ढलान पर रुक गई। हेडलाइट्स बुझ गईं, पर अब उतनी ही रोशनी से भरी, जीप के शीशे के पीछे नकुल की आँखें चमक रही थीं।

—आप ! नकुल ने कहा।

—हाँ...बहुत अकेली थी। आप तो आदिवासियों के गाँव चले गए। ख़ज़ांची बाबू के कुत्ते का एक्सीडेंट हो गया ठेकेदार के ट्रक से। वो उसे लेकर शहर चले गए हैं।

—आइए, आपको घुमा लाऊँ। नकुल ने कहा।

—कहाँ ?

—यहीं।

—नहीं।

—क्यों ?

—यों ही...आप कॉफ़ी पिएँगे ?

—इस वक़्त ! बनाएँगी ?

—नहीं ! बार-बार कौन बनाए अपने लिए, इसलिए बनाकर रख ली थी। आइए...!

नकुल बँगले के बरामदे की सीढ़ियों के पास आकर बैठ गया। समीरा उसी का थर्मस उठा लाई। वह भी वहाँ बैठ गई। बीच में थर्मस रखा था। दोनों कॉफ़ी पीते रहे।

—दिन कितने लम्बे होते हैं...।

नकुल ने उसकी ओर देखा।

समीरा के जूड़े का जंगली फूल धीरे से, बिना आवाज़ किए, फ़र्श पर गिर गया।

—पर ज़िन्दगी तो बहुत छोटी होती है। नकुल ने कहा।

—कैसे ?

—हम जंगली लोगों की...।

एक पल की खामोशी।

—जब आपकी जीप की रोशनी दूर पथरीली सड़क के पास आ रही थी तो बहुत अच्छा-सा लग रहा था।

—चलिए...आइए...यहीं पास तक चक्कर लगाकर लौट आते हैं। नकुल ने अपना हाथ बढ़ाया तो समीरा ने अनायास ही अपना हाथ उसके हाथ की ओर बढ़ा दिया, पर अगले ही क्षण वह बुरी तरह सिहर-सी गई।

नकुल उसे कुछ दूर तक ले गया। जीप के पास आकर समीरा ठिठक गई। एक पत्थर पर उसने पैर जमाया कि पत्थर ढीला होकर फिसल गया। नकुल ने उसे सँभाला तो ढलान पर दोनों चार-छह क़दम और फिसलते चले गए। सन्तुलन की कोशिश में और भी अधिक फिसलती समीरा को नकुल ने सँभाल लिया।

जंगल की साँसें जैसे तेज़-तेज़ चलने लगीं। जंगली अँधेरे में जुगनू चमकने लगे।

—ओह, नकुल !

—मीरा !...मीरा !...

सन्नाटा...फिर भारी साँसें। अस्त-व्यस्त होकर समीरा अलग हुई तो पास झुके पेड़ के तने से लिपटकर रो पड़ी।

नकुल निर्द्वन्द्व शेर की तरह खड़ा था। उसकी आँखें चमक रही थीं। प्रकृति खामोश थी।

नकुल ने उसे पेड़ के तने से अलग करके अपने सीने पर सहारा दे दिया, वह किसी छोटी बच्ची की तरह उसके सीने में दुबकती चली गई।

और फिर ज़िन्दगी अपनी रफ़्तार से चलने लगी। वही क्रेनें, वही क्रशर, वही मज़दूर, वही टूटते पत्थर। वही ऊँचे उठते पिलर। वही काम करता हुआ नकुल। वही दफ़्तर में फ़ाइलों पर दस्तख़त करता हुआ प्रशान्त।

समीरा ने बेडरूम से आदिवासी मुखौटा उतारकर कहीं रख दिया था।

प्रशान्त दिन-भर साइट पर काम करता। शाम होते ही वह नकुल को साथ लिए घर आ जाता। थर्मल प्लांट का नक़्शा बनाने में नकुल उसकी पूरी मदद कर रहा था। ऐसा नहीं था कि प्रशान्त यह काम अकेले कर नहीं सकता था। एक आदत-सी हो गई थी—जो काम दूसरे कर सकते हैं, उसे खुद क्यों किया जाए ?

नकुल को सब कुछ समझाकर प्रशान्त सोने चला जाता और नकुल आधी रात तक बैठा नक़्शे में सिर खपाता रहता। बीच-बीच में—कभी-कभार समीरा उसे कॉफ़ी दे जाती। बस, और न कोई बातचीत, न कोई शब्द। केवल आँखों की भाषा ही आँखें पढ़ जातीं...।

दिन बीतते चले गए।

एक दिन प्रशान्त ने साइट-ऑफ़िस से समीरा को फ़ोन मिलाया। लाइन बिज़ी थी। उसे कुछ ताज्जुब हुआ। उसे पता नहीं था कि उस समय दूसरे फ़ोन पर नकुल और किसी से नहीं, समीरा से ही बातें कर रहा था।

शाम को प्रशान्त घर आया तो कपड़े बदलते हुए बोला—तो अब तुम्हारा मन लग गया...आज फ़ोन किया तो लाइन बिज़ी थी।

—हाँ...वो ओवरसियर साब की पत्नी आ गई हैं न, उन्हीं का फ़ोन आता रहता है।...समीरा ने कह दिया।

—चलो, अच्छा है...यह घर तुम्हें घर तो लगने लगा।

—दूसरों का बनाया हुआ। समीरा ने कहा, तो प्रशान्त चौंक गया।

—क्या ?

—हाँ, और क्या ! इस घर में ऐसा क्या है, जो हमारा और तुम्हारा

हो ? सिवा इस बिस्तर के। और ये बेड भी फ़ॉरेस्ट रेंजर साहब ने बनवा दिए थे। ये चादरें ठेकेदार लाया था। ये पर्दे ख़ज़ांची बाबू ने भिजवा दिए थे। ये मास्क और मूर्तियाँ ओवरसियर बाबू ले आए थे। ये कालीन पी.डब्ल्यू.डी. वालों ने बिछवा दिए थे। राशन अर्दली ले आता है। सब्ज़ी मैं बस्ती जाकर ले आती हूँ। इसे घर कहना चाहो तो ज़रूर कह लो। पर इसमें तुमने क्या जोड़ा है ? क्या बनाया है ? सिर्फ़ एकदम तनहा मैं। अगर मेरी तनहाई ही तुम्हारा घर है तो यह घर है।

—समीरा ! प्रशान्त एकदम चीख़ उठा।

—हाँ, प्रशान्त, हाँ। यह घर नहीं, क़ैदखाना है।...और समीरा रसोई की तरफ़ चली गई।

प्रशान्त एकदम तमतमाता हुआ खड़ा रह गया।

प्रशान्त के उस दिन के तमतमाते हुए चेहरे से नकुल का यह चेहरा एकदम भिन्न था।

घने जंगल में नकुल उसके सामने खड़ा था। समीरा एक चट्टान पर बैठी हुई थी।

नकुल के शब्द, उसका स्वर भी प्रशान्त से भिन्न था।

—मैं...मैं तुम्हारे बग़ैर रह तो सकता हूँ, मीरा, पर रहना नहीं चाहता। इस तरह मैं जी नहीं सकता। तुम इजाज़त दो तो मैं प्रशान्त से खुलकर बात कर लूँ !

समीरा पास खड़ी सूखी टहनी को चटकाती रही। टहनी के टूटने की आवाज़ आती रही।

—कुछ बोलो, मीरा ! नकुल व्याकुल था।

समीरा कुछ देर और ख़ामोश रही। फिर बोली—सुनो।

नकुल की समस्त संज्ञाएँ उत्तर के लिए तैयार हो गईं—बताओ।

—प्रशान्त से तुम नहीं, मैं खुद बात करूँगी। तुम बात करोगे तो वह अपमानित महसूस करेगा। जिस सच्चाई को मैंने तुम्हारे साथ मंज़ूर किया है, उसे प्रशान्त के सामने भी मंज़ूर करने में मुझे कोई हिचक नहीं है।

—ठीक है, पर...।

—पर कुछ नहीं...यही ठीक है। और बेहतर हो, तुम कुछ दिनों की छुट्टी पर चले जाओ।

—नहीं, यह ग़लत होगा। मैं यहीं रहूँगा।

—ठीक है...समीरा ने कहा था और जंगल के घने पेड़ों के पार कहीं देखने लगी थी।

अगले कुछ दिन प्रशान्त के लिए व्यस्तता के दिन थे। समीरा के लिए उधेड़बुन के। अपने भीतर के इरादे के बावजूद उसे कहीं बार-बार तोलना पड़ रहा था। हर बार नकुल का पलड़ा भारी हो जाता था। पर प्रशान्त से बात करने का मौक़ा भी नहीं मिल रहा था। एक बार वह फिर दिल्ली हो आया था और उस रात वह काफी राहत महसूस कर रहा था। एक सीढ़ी और ऊपर चढ़ जाने की राहत, और सन्तोष।

रात में प्रशान्त ने समीरा को हौले से छुआ तो वह सिमट गई।

प्रशान्त सनक गया—क्या बात है, समी ?

समीरा एकाएक छिटककर परे हट गई और उठकर बैठ गई। फिर बोली—मुझे तुमसे कुछ कहना है।

—कुछ कहना है तो पास आकर भी कह सकती हो ?

—नहीं।

प्रशान्त के माथे पर दो-तीन शिकनें उभर आईं।

—क्या कहना है ?

—मैं अब तुम्हारी नहीं रह गई हूँ, प्रशान्त ! समीरा ने बड़े सधे हुए स्वर में कहा।

—क्या मतलब ?

—जो सच है, वही कह रही हूँ। और यह मैं तुमसे कहे बग़ैर रह भी नहीं सकती थी...मैं अब नकुल की हूँ...।

—समी !

—समी नहीं, समीरा, प्रशान्त !

—समीरा ! चीखकर प्रशान्त एकाएक खामोश रह गया। उसे लगा, जैसे आज तक सब कुछ जानते हुए भी वह कुछ नहीं जानता था।

उसने समीरा की ओर देखा। वह संयत और तटस्थ थी, जैसे उसके दिए गए फ़ैसले का उससे या प्रशान्त से कोई सरोकार ही न हो। सहसा प्रशान्त का स्वर गम्भीर हो उठा। बोला—समीरा ! तुमने मुझे धोखा दिया होता तो मैं बर्दाश्त कर लेता, पर तकलीफ़ इस बात की है कि तुमने मुझे तकलीफ़ दी है। काश ! तुम कुछ और इन्तज़ार कर लेतीं...ये सब...मैं तुम्हारे लिए ही तो कर रहा था...तुमने मुझे वक़्त तो दिया होता...।

—तुमने मुझे इतना ज़्यादा वक़्त दे दिया था प्रशान्त, कि मैं उस वक़्त को अकेले समेट नहीं पाई।

—समी !

—समी नहीं...समीरा।

तभी फ़ोन की घंटी बज उठी। दोनों ने सुनी। प्रशान्त का मन कड़वाहट से भर उठा था। उसने झट से कहा—शायद तुम्हारा होगा।

समीरा ने रिसीवर उठाया—हलो !

उधर से आवाज आई—प्रशान्त साब हैं ? मैं दिल्ली से दीक्षित बोल रहा हूँ।

—तुम्हारा है। कहकर समीरा ने फ़ोन प्रशान्त की ओर बढ़ा दिया।

—हलो। प्रशान्त बोला।

—हाँ, प्रशान्त साहब ! दीक्षित ने कहा—कांग्रेचुलेशंस...बहुत-बहुत मुबारक हो ! आपके पेपर्स पर आज दस्तख़त हो गए हैं। ऑडर्स पहुँचने में चार-पाँच दिन लगेंगे। आप तैयारी कर लीजिए...।

—थैंक यू, दीक्षित जी, बहुत-बहुत शुक्रिया।...और बेजान हाथों से उसने रिसीवर रख दिया। उसकी आँखें भींग आई थीं। पर अपने-आपको पीते हुए उसने इतना ही कहा—मेरा जाना निश्चित हो गया, समीरा !

अगले एक हफ़्ते में सब कुछ तय हो गया। प्रशान्त ने सारी स्थिति को दार्शनिक अन्दाज़ में स्वीकार कर लिया था। न वह समीरा से नाराज था, न नकुल से। ख़ज़ांची बाबू अपने कुत्ते की मृत्यु के ग़म में मुब्तिला थे। वह आजकल किसी से कुछ बात ही नहीं करते थे।

और फिर प्रशान्त के चलने का दिन भी आ गया था। वह अपना सामान पैक कर रहा था। बीच-बीच में सन्नाटा भर जाता था। वह बोला—समी ! तुम अपने-आपको पूरी तरह मुक्त समझना। तलाक़ के काग़ज़ों पर मैं दस्तख़त कर दूँगा।...लेकिन इतना ही चाहूँगा कि तुम शादीशुदा बीवी की तरह ही नकुल के साथ रहो...ज़िन्दगी में तमाशा न होने पाए। मेरी तरफ़ से कोई अड़चन नहीं आने पाएगी। तुम बेफ़िक्र रहना, मुझे सिर्फ़ तुम्हारी खुशी चाहिए...।

प्रशान्त अपना सामान बाँधता जा रहा था। समीरा चुपचाप उसका सामान अलग करती जा रही थी। सारा सामान बँध गया, तब तक जीप भी आ गई।

फिर प्रशान्त बोला—मैंने पहले भी मिनिस्ट्री तक यह बात पहुँचा दी थी कि मेरे बाद नकुल को यहाँ प्रमोट कर दिया जाए...इस्तीफ़ा देते हुए मैंने फिर नकुल के नाम की ही सिफ़ारिश की है...अब मैं अपनी पोस्ट और अपना घर—दोनों नकुल के लिए छोड़े जा रहा हूँ...कहते हुए उसने आखिरी पैकेट जीप में रखा और स्टीयरिंग पर खुद बैठ गया। समीरा बरामदे की सीढ़ियों पर पत्थर के बुत की तरह खड़ी रही। भीगी आँखों से प्रशान्त ने फिर कहा—अच्छा, समीरा ! विश यू ए वेरी हैपी लाइफ़।

इसके साथ ही प्रशान्त ने जीप को मोड़ा, और चल दिया।

ख़ज़ांची बाबू और कॉलोनी के कुछ लोग गेट के बाहर चुपचाप खड़े थे। उनके पास पहुँचकर प्रशान्त ने जीप को धीमा ज़रूर कर लिया, पर रोका नहीं। उन्होंने प्रशान्त को नमस्ते की—जैसे किसी अर्थी को अन्तिम प्रणाम कर रहे हों...।

जीप चली गई। लोग वहीं खड़े रह गए।

खिड़की की छड़ें पकड़े खड़ी समीरा ने जीप को दूर जाते हुए देखा। पथरीली सड़क पर जीप ओझल हुई तो वह कटे पेड़ की तरह बिस्तर पर गिर पड़ी और सिसककर रोने लगी।

स्टोन-क्वेरी की दक्षिणवाली सड़क पर प्रशान्त की जीप चली जा रही थी। तभी क्वेरी में धमाका हुआ। पत्थरों के टुकड़े हवा में उछले और इधर-उधर लुढ़कते चले गए।

उधर साइट के पिलर पर खड़े नकुल ने देखा—क्वेरी से उठी धूल के उस पार प्रशान्त की जीप चली जा रही थी।

बँगला वही था। पर सब कुछ बदल गया था। फ़र्नीचर, पर्दे, सजावट—सब कुछ। सब कुछ में एक नयापन था, आधुनिक सुरुचि थी।

नकुल अब चीफ़ इंजीनियर था। उसने बँगले के बड़े हॉल में ही, आधे हिस्से में अपना दफ़्तर बना लिया था।

बँगले के बाहरी गेट पर की नेम-प्लेट बदल गई थी। प्रशान्त वर्मा के स्थान पर अब वहाँ चीफ़ इंजीनियर नकुल आर्य और श्रीमती समीरा आर्य का नाम लिखा हुआ था।

सुबहें वैसी ही थीं। दिनों में ज़रूर फ़र्क़ आ गया था। समीरा के लिए ख़ास तौर पर। उसका अकेलापन अब पहले का-सा मारक नहीं रह गया था। नकुल लगातार उसके अकेलेपन को भरने की कोशिश करता रहता था...।

नहाकर नकुल पैंट के बटन लगाता हुआ बाथरूम से निकला। उसने वहीं से आवाज़ दी—मीरा !

समीरा किचन से निकल रही थी। नाश्ते की ट्रे उसके हाथ में थी।

—यह बटन।...टूटे बटन को दिखाते हुए नकुल ने कहा—ज़रा सुई-धागा और बटन...।

समीरा मुस्कुराई तो नकुल ने कहा—मुझे बहुत पहले मालूम था, इसीलिए जब तुम पहली बार यहाँ आई थीं, तभी मैंने सुई-धागा और बटन लाकर रख दिए थे। बड़ा दूरंदेश आदमी हूँ।

समीरा भीतर से सुई-धागा और बटन निकाल लाई। धागे में गाँठ लगाकर वह बटन की आँख को सुई में फँसाकर पैंट में टाँकने लगी तो सुई की नोक उसके पोर में घुस गई। एक बूँद खून पोर पर चमकने लगा। समीरा ने अँगुली को मुँह में रखकर चूस लिया। फिर बटन टाँकती हुई बोली—नकुल, यह बँगला बदल लो। यहाँ अच्छा नहीं लगता।

—ऐसा करें, जिस बँगले में डिप्टी आए हैं, जहाँ पहले मैं रहता था, उसमें हमलोग शिफ्ट कर लें, और यह बँगला डिप्टी को दे दें—उनके

बाल-बच्चे भी कई हैं। उन्हें ज़्यादा जगह मिल जाएगी...।

—जैसा तुम्हें ठीक लगे...समीरा ने दाँत से धागे को तोड़ते हुए कहा—पर यह जगह ज़रूर बदल लो...।

—कल ही बदल लो...इसमें क्या है !

और नकुल नाश्तेवाली मेज़ की ओर बढ़ गया।

डिप्टी साहब ! आपको अपनी फैमिली और बच्चों के साथ आना चाहिए था...साइट पर ख़ज़ांची बाबू नए डिप्टी इंजीनियर को समझा रहे थे।—अकेले आप यहाँ कैसे रह पाएँगे ?

डिप्टी साहब अधेड़ उम्र के मोटे, थुलथुल आदमी थे। चार क़दम चलना पड़ जाए तो हाँफने लगते थे। बोले—ख़ज़ांची बाबू ! हमारी फ़ैमिली नहीं, हमारा तो पूरा लश्कर है। तीन बेटियाँ, तीन बेटे। दो लड़कियाँ शादी-शुदा हैं, पर वे हमारे ही साथ रहती हैं। दो दामाद...वहीं शहर में नौकरी करते हैं। उनके चार बच्चे। छः हमारे। ऊपर से हम मियाँ-बीवी—चौदह लोगों का लश्कर है।

सुनते ही ख़ज़ांची बाबू अपने मैथमैटिक्स में खो गए—दो बच्चियों के चार बच्चे। चार इंटू चार यानी सोलह। चार बच्चे अभी शादीशुदा नहीं हैं, उनके भी बाल-बच्चे होंगे ही। तो चार इंटू चार इक्वल टू सोलह। सोलह प्लस सोलह, इक्वल टू बत्तीस। बत्तीस इंटू फ़ोर बराबर एक सौ अट्ठाइस। एक सौ अट्ठाइस इंटू फ़ोर, इक्वल टू फ़ाइव हंड्रेड ट्वेल्व—इंटू फ़ोर कम्स टू दो हज़ार अड़तालीस...कहने का मतलब यह है, डिप्टी साहब, कि इस रफ़्तार से सन् 2000 तक हिन्दुस्तान की आबादी में सिर्फ़ आपके घराने से तक़रीबन ढाई हजार लोगों का योगदान होगा...।

डिप्टी साहब घबरा गए। कैफ़ियत-सी देते हुए बोले—वैसे बच्चों ने हमारी बहुत मदद की है, ख़ज़ांची बाबू। हर अफ़सर ने मेरे बच्चों पर तरस खाकर मुझे प्रमोट किया। यह प्रमोशन भी बच्चों की ख़ातिर ही मिला है।

—प्रमोशन का मैथेमेटिक कुछ और है, डिप्टी साहब ! हाँ...ख़ज़ांची बाबू ने कहा—यहाँ तो डिप्टी की पोस्ट पर अब शादीशुदा और

बाल-बच्चोंवाला आदमी ही आ सकता था...।

बातचीत का सिरा जाने कहाँ जाकर टूटता कि तभी नकुल आता दिखाई दे गया। ख़ज़ांची बाबू वहाँ से सरक गए।

नकुल ने डिप्टी के पास पहुँचकर कहा—कहिए, डिप्टी साब ! मन लग रहा है यहाँ काम में ?

—जी, खूब। डिप्टी साब ने अपनी मोटी गरदन हिला दी।

—सुना है, आपकी फ़ैमिली, ईश्वर की कृपा से काफ़ी बड़ी है...।

डिप्टी साहब सकुचाने लगे तो नकुल ने अपनी बात पूरी कर दी—आप चाहें तो हमारे बँगले में शिफ़्ट हो जाइए, हम आपवाले बँगले में चले आएँगे।

—अरे नहीं, सर !

—सोच लीजिएगा...ख़ैर, ज़रा इस वक़्त की लेबर स्ट्रेंग्थ बताइए...और देखिए, अर्जेन्ट फ़ाइलें बँगले पर पहुँचवा दीजिए...मैं वहीं डील करूँगा...।

डिप्टी साब बिना बात ही हाँफने लगे।

नकुल कमरे में बैठा अपने दफ़्तरी काग़ज़ देख रहा था। समीरा सोफ़े पर बैठी पत्रिका उलट रही थी। बाहर अँधेरा घिरता जा रहा था।

तभी चपरासी डाक लेकर आया। समीरा ने पत्रिका को फ़ौरन उलटकर रख दिया और उठकर नकुल के पास चली आई। नकुल ने डाक देखी, समीरा को देखा, फिर कुछ सोचकर बड़े मुलायम, संजीदा स्वर में बोला—मीरा, इस बात का दुख मत करो कि तुम्हारे घरवालों ने अब तुम्हें ख़त लिखना बन्द कर दिया है। क्या मैं तुम्हारे लिए काफ़ी नहीं हूँ ? यों उदास नहीं होते...।

नकुल ने चिट्ठियों को मेज़ पर रख दिया और बोला—चलो, थोड़ा घूम आते हैं...।

—नहीं, तुम अपना काम करो...मैं खाना लगाती हूँ।

—ठीक है। खाना खाकर घूमने चलेंगे। कहकर नकुल समीरा के साथ-साथ प्लेटें लगवाने लगा। प्लेटें लग गईं तो वह सलाद तैयार करने लगा। समीरा बार-बार कहती रही—तुम जाओ न। ये सब तुम्हारे काम नहीं हैं...यह मेरा काम है...।

—सब काम हम दोनों के हैं।

फिर दोनों ने साथ बैठकर खाना खाया। खाने के फ़ौरन बाद नकुल बोला—चलो, घूम आते हैं।

लेकिन समीरा ने कह दिया—छोड़ो, मन नहीं है...।

नकुल की समझ में कुछ नहीं आया, पर वह कुछ बोला भी नहीं।

आधी रात का वक़्त था—या उसके बाद। चारों तरफ़ सन्नाटा था। नकुल और समीरा सो रहे थे कि एकाएक समीरा चीख़कर उठ बैठी। उसने कोई बहुत बुरा सपना देखा था। उसका सारा शरीर पसीने से नहा गया था—और वह थर-थर काँप रही थी।

चीख़ सुनकर नकुल भी जाग गया—क्या हुआ, मीरा ?...क्या हुआ ? उसने बिस्तर के पास का स्विच ऑन किया। समीरा फटी आँखों से देखती रह गई। हल्के प्रकाश ने उसे कुछ हौसला दिया, पर उसने नकुल को कसकर पकड़ लिया। काँपते हुए स्वर में वह किसी तरह बोली—नकुल...!

नकुल ने पूछा—कोई सपना देख रही थीं ?...

—हाँ, नकुल...पता नहीं कैसा सपना था...सब लोग जमा थे—मेरे घरवाले...प्रशान्त के घरवाले...प्रशान्त भी था। घर में त्योहार या शादी जैसा कुछ चल रहा था...मैं पहुँची, तो सबने मुझे घूरना शुरू कर दिया...हर तरफ़ से आवाज़ें आने लगीं—निकालो इस कुलटा को। पोंछ दो इसका सिन्दूर। मार डालो इसे...धक्के देकर बाहर कर दो। मैं वहाँ से भागती चली गई...लोग मेरा पीछा करते रहे...आखिर मैं एक पहाड़ी के कगार से नीचे बहुत गहरी खाई में गिर गई...तभी चीख निकली और...और...।

और समीरा की आवाज़ सिसकी में बदल गई।

नकुल ने उसे बाँहों में भर लिया। उसके माथे का पसीना पोंछते हुए बोला—मेरे रहते कौन तुम्हें छू सकता है, मीरा ? तुमने कोई पाप नहीं किया है। अगर शादी पवित्र है, तो तलाक़ भी उतना ही पवित्र है...शादी के ग़लत हो जाने पर भी तलाक़ न लेना शायद पाप होता...पर तुमने तलाक़ लिया है...फिर हमने शादी की है...तुम इन बातों को लेकर घबराती क्यों हो ?

—मेरी समझ में कुछ नहीं आता, नकुल ! तुम मुझे समझा दो। क्या मैंने प्रशान्त के साथ कोई ज़्यादती की है ?

—बिल्कुल नहीं। प्रशान्त को तो अब पता लगा कि तुम उसकी बीवी हो, जब तुम उसकी ज़िन्दगी से बाहर आ चुकी थीं। नहीं तो तुम सिर्फ़ एक सजावटी सामान थीं उसके लिए। मैं प्रशान्त की बुराई नहीं करना चाहता, पर सोचो, तुम कितनी अकेली थीं ! शादी एकतरफ़ा खेल नहीं है...औरत किसी की ज़रख़रीद ग़ुलाम नहीं है। तुम क्यों दुःखी होती हो ? अगर ज़्यादती किसी ने किसी के साथ की है तो मैंने की है...पर मैं अपने मन से मजबूर था। मैं तुम्हारे बिना जी नहीं सकता था और कायरों की तरह छिप-छिपकर मैं किसी को धोखा दे नहीं सकता था...मीरा, तुम्हारा पाप और पुण्य अब मुझसे अलग नहीं है...।

—यहाँ बहुत घुटन है, नकुल...!

—चलो, बाहर घास पर बैठते हैं...घास ओस से भीगी होगी...चाँदनी भी है...आओ...कहकर नकुल ने उसे उठा लिया। साथ ही बेडशीट भी खींच लिया। बाहर लॉन में पहुँचकर उसने बेडशीट घास पर बिछा दिया और दोनों उस पर बैठ गए।

कुछ क्षणों के लिए दोनों चुपचाप बैठे रहे।

फिर नकुल ने ही बात शुरू की—याद है, मीरा ! मैंने सबसे पहले तुम्हें यहीं देखा था।

—मुझे कुछ भी याद मत दिलाओ, नकुल ! कुछ भी नहीं...बस, उस दिन से आगे चलो, जिस दिन तुमने मुझे अपना बनाया था...मेरा अतीत पोंछ दो, नकुल ! कहते-कहते समीरा फिर रो दी।

नकुल ने उसकी पीठ पर अपना हाथ रख दिया। उसे सहलाया, उसके सिर को अपनी जाँघ पर रखकर उसके बालों में उँगलियाँ फिराने लगा। धीरे-धीरे समीरा की सिसकियाँ थम गईं और वह नींद की आग़ोश में चली गई। नकुल को भी नींद आ रही थी, पर कहीं समीरा की नींद न टूट जाए, इस डर से वह घुटना तक नहीं हिला रहा था। बस, पीछे के पेड़ के तने से पीठ लगाए वह ज्यों का त्यों बैठा रहा।

इक्का-दुक्का पंछियों की आवाज़ और ताज़ा हवा के झोंकों से समीरा की नींद टूटी तो उसने देखा, सवेरा हो चुका है। नकुल अब भी पत्थर

की मूर्ति की तरह बैठा था। समीरा उसे देखती रह गई। उसने धीरे से नकुल के माथे को चूम लिया—और उसे वहीं हल्के-से लिटाने की कोशिश की तो नकुल एकदम जाग गया।—अरे ! तुम कब उठ गईं ? मैं सो गया था क्या ?

—आओ...भीतर चलें...सुबह हो रही है...ओस से कितना भीग गए हो !...कहते हुए समीरा ने अपने भीगे आँचल से ही उसका चेहरा और बाँहें पोंछ दीं। अलसाता-सा नकुल उठकर भीतर चला गया।

—तुम्हारे साथ मैं कितना पूरापन महसूस करती हूँ, नकुल ! लगता है, कोई मेरे लिए है...सिर्फ़ मेरे लिए।...कहते हुए समीरा ने नकुल को बिस्तर पर लिटा दिया। फिर उसने खिड़कियों के पर्दे गिरा दिए।

क़रीब घंटे-भर बाद ही माली फूलों का गुलदस्ता लेकर आया। गुलदस्ता लेते हुए समीरा ने माली से कहा कि वह एक गुलदस्ता और बना लाए। वह भीतर मुड़ने को हुई कि उसने देखा, ख़ज़ांची बाबू बग़ल में फ़ाइलें दबाए चले आ रहे हैं।

—साहब सो रहे हैं। समीरा ने कहा।

—जी, बहुत अच्छा...मैं घंटे-भर बाद आ जाऊँगा...कहकर ख़ज़ांची बाबू लौट गए।

भीतर आते-जाते समीरा ने देखा, नकुल कुनमुना रहा था—वह किचन में जाकर चाय बनाने लगी।

जैसाकि ख़ज़ांची बाबू कह गए थे, क़रीब घंटे-भर बाद ही वे फिर लौट आए। फ़ाइलें वैसे ही उनकी बग़ल में दबी हुई थीं।

नकुल तब तक नहाकर अपनी मेज पर आ बैठा था।

ख़ज़ांची बाबू ने गुडमॉर्निंग ठोका और नकुल के सामने ही बैठ गए। फिर एक-एक फ़ाइल खोलकर नकुल को देने लगे—साथ ही ब्रीफ़िंग भी करने लगे।

समीरा आई और बोली—चलिए, नाश्ता कर लीजिए।

—यहीं ले आओ। नकुल ने फ़ाइल देखते हुए ही कहा।—अपना भी और ख़ज़ांची बाबू के लिए भी...।

—नहीं-नहीं, डिप्टी साहब...सॉरी सर ! ख़ज़ांची बाबू ने कहा—आप जाकर मेम साब के साथ नाश्ता कर लीजिए...यह केस मैं बाद में पेश

कर दूँगा...

—बताइए...बताइए...!

—नहीं, रहने दीजिए, सर...ये आप वहाँ, साइटवाले दफ़्तर में ही देख लें, तो ठीक रहेगा।

—अरे ! ऐसा क्या है ? बताइए न...।

ख़ज़ांची बाबू बेबस हो गए। हिचकिचाते-से स्वर में बोले—जी, ये प्रशान्त साहब के प्राविडेंट फ़ंड वगैरह के पेपर्स हैं—इन्हें कलकत्ता ट्रांसफर करना है। मिनिस्ट्री से आर्डर्स आए हैं...।

ख़ज़ांची बाबू ने देखा—समीरा ट्रे में सारा सामान लिए एक क्षण के लिए ठिठक गई थी।

—आप नाश्ता कर लीजिए, सर ! ख़ज़ांची बाबू ने फ़ाइल बन्द कर दी।

समीरा ने ट्रे वहीं पास की छोटी मेज़ पर रख दी और चुपचाप चाय बनाने लगी। नकुल ने मक्खन लगाकर टोस्ट ख़ज़ांची बाबू की तरफ बढ़ा दिया।

—आप लीजिए...आप लीजिए, डिप्टी साब !...फिर ख़ज़ांची बाबू ने एकदम अपनी जीभ काटते हुए कहा—बड़ी बुरी आदत पड़ गई है, सर...!

—तो इसमें क्या है ! नकुल ने कहा। आप मुझे डिप्टी साब ही कहते रहें, क्या फ़र्क़ पड़ता है ?

—फ़र्क़ पड़ता है, सर !...ख़ज़ांची बाबू ने कहा तो समीरा के हाथ में थमा चाय का प्याला एकाएक खनखनाकर रह गया। उसने प्याले को मेज़ पर रख दिया और एक झटके के साथ किचन की ओर चली गई।

नकुल जब साइट के लिए चलने को तैयार हो रहा था, तब तक भी समीरा सहज नहीं हो पाई थी। फिर जब वह चलने को हुआ तो समीरा धीरे से कह उठी—सुनो...!

नकुल रुक गया। उसने समीरा के चेहरे की ओर देखा। समीरा का चेहरा अजीब तरह से बदरंग हो रहा था।

—क्या बात है, मीरा ?

—मेरा कहा मानोगे ? समीरा बोली—मुमकिन हो तो अपने

स्टॉफ़ को बदल दो—न हो तो कम से कम यह बँगला तो बदल ही दो...।

—सच पूछो तो तुम्हें अपने सोचने और जीने का तरीक़ा बदलना चाहिए, मीरा ! कहते-कहते नकुल बाहर निकल गया। जीप में बैठते हुए उसने पीछे-पीछे चली आई समीरा से कहा—देखो, मीरा...जब तक तुम अपने अतीत से निकलने की कोशिश नहीं करोगी, तब तक कुछ नहीं होगा...जरा सोचो...!

—मैं क्या करूँ, तुम्हीं बताओ।

—क्या मैं एक पूरी हक़ीकत नहीं हूँ तुम्हारे लिए ? कहते हुए नकुल जीप से उतर आया। फिर समीरा के कंधे पर हाथ रखते हुए बोला—चलो...कपड़े बदल लो...मेरे साथ आओ...।

—कहाँ ?

—कहीं भी।

—नहीं...तुम साइट पर जा रहे थे, हो आओ...मुमकिन हो तो बँगला बदलवा लो, बस...प्लीज...!

—ठीक है...आज ही हो जाएगा।

समीरा जैसे एकदम हल्की हो आई।

दूसरे ही दिन घर बदलने की तैयारी हो गई। जीप में भर-भरकर सारा सामान नए बँगले में भेज दिया गया। आखिरी बार जीप जाने लगी तो समीरा दरवाज़े में खड़ी थी। नकुल ने कहा—जाकर एक बार फिर देख लो, कुछ रह तो नहीं गया ! मैं जीप लेकर फिर आता हूँ...।

समीरा को जैसे कुछ सुनाई नहीं दिया। सिर्फ़ नकुल की जगह जाता हुआ प्रशान्त दिखाई पड़ा, जो कह रहा था—मैं अपना पद और अपना घर, दोनों नकुल के लिए छोड़े जा रहा हूँ।

खाली हॉल में आकर समीरा बुरी तरह सिसक-सिसककर रो पड़ी। आज तो इस घर में कुछ भी नहीं था—वह सूने घर को देखती और उसकी सिसकियाँ बढ़ती जातीं।

कितनी ही घड़ियाँ ऐसे बीत गईं। नकुल जीप लेकर लौट आया।

जीप की आवाज़ सुनकर समीरा जैसे जागी। जल्दी से उसने आँसू पोंछ लिए।

—मीरा !...मीरा !...आवाज़ लगाता हुआ नकुल भीतर चला आया। सूने कमरे में उसकी आवाज़ गुम्बद की आवाज़ की तरह गूँज गई।

—क्यों, कोई सामान रह तो नहीं गया ? नकुल ने कहा।

—सिवा मेरे...सब चला गया है...समीरा की आवाज़ अब भी संयत नहीं थी।

नकुल ने प्यार से उसका कंधा थपथपा दिया। फिर उसे अपने निकट खींचते हुए बोला—तुम...सामान थीं, मीरा...अब तुम किसी की ज़िन्दगी हो...आओ...चलें अब...!

समीरा जैसे मोम की गुड़िया की तरह पिघलती जा रही थी।

डिप्टी साब चीफ़ के बँगले में आ गए।

नया घर। समीरा ने सब सजा लिया था। नकुल ने उसका हाथ बटाया। जगह-जगह कीलें और खूँटियाँ गाड़ीं। एक जगह एक कील गाड़ रहा था कि हथौड़ी उसके अँगूठे पर लगी। वह तिलमिला कर रह गया। समीरा ने देखा तो बोली—अब ये हाथ कीलें गाड़ने के लिए नहीं रह गए हैं, नकुल ! लाओ, मुझे दो।

नकुल कुछ कहने को ही था कि तभी फ़ोन की घंटी बज उठी। नए घर में पहली बार फ़ोन की आवाज़ गूँजी थी। नकुल अपने अँगूठे के दर्द को भूलकर फ़ोन की ओर बढ़ गया। रिसीवर उठाया तो दूसरी ओर से मिनिस्ट्री के दीक्षित जी की आवाज़ आई—नकुल साब हैं ?

—जी, बोल रहा हूँ...।

—अरे आपने घर क्यों बदल लिया ?

—कुछ मजबूरियाँ थीं, दीक्षित साब...उतने बड़े घर की ज़रूरत भी नहीं थी...और...।

—खैर...यह तो मैंने यों ही पूछ लिया...दीक्षित जी का स्वर सहसा बदलता-सा लगा।—बात यह है, नकुल साब, डैम का बजट बढ़ता जा रहा है। सेकंड फ़ेज की जो रिपोर्ट आपने भेजी है, उसके लिहाज़ से थर्ड

फ़ेज़ तो पूरा बदल ही जाएगा, बजट भी बढ़ेगा। इससे बड़ी मुश्किल होगी। प्रशान्त साब ने जो तीनों फ़ेज का प्लानिंग किया था, सारा प्रोजेक्ट उसी के आधार पर एप्रूव हुआ था। अब फ़ाइनेंस मिनिस्ट्री आब्जेक्ट कर रही है। उनका कहना है, जो प्रोजेक्ट एप्रूव हुआ है, वही पूरा होना चाहिए।

नकुल बोला—लेकिन दीक्षित साब, इस प्लानिंग में सर्विस कैनाल्स का प्रोवीज़न नहीं था। कैनाल्स बढ़ेंगी तो बजट बढ़ेगा ही। आप बताइए, मैं क्या करूँ ?

—मेरे ख़याल से आप दिल्ली चले आइए।

—ठीक है...मैं चला आऊँगा...कहकर नकुल सोच में पड़ गया।

—जितनी जल्दी आ सकें, आ जाइए...और दीक्षित जी ने लाइन काट दी।

नकुल को सोच में डूबा देखकर समीरा बोल उठी—क्या बात है ?

—दिल्ली बुलाया है।

—मुझसे अब अकेले नहीं रहा जाएगा।

—दो-तीन दिनों की बात है, मीरा...!

—ये एक दिन और दो दिन मेरे ज़िन्दगी को कभी तय नहीं होने देंगे।

—मीरा, ऐसा नहीं सोचते। आदमी जब इन बड़े-बड़े कामों में पड़ता है, तो उन्हें बीच में नहीं छोड़ सकता।

—और औरत बहुत छोटी-छोटी बातों, छोटे-छोटे सुखों के लिए आदमी के साथ जीती है, नकुल !

—उसी की ताक़त से आदमी बड़े-बड़े काम करता है।

—और औरत छोटे-छोटे क्षणों के लिए तरसती रह जाती है।

—सच्चाई सिर्फ़ यही नहीं है, मीरा ! तरसता आदमी भी है। ऐसा नहीं है कि औरत ही अधूरी रह जाती है...आदमी भी अधूरा रह जाता है...।

—सच पूछो, नकुल, जब से तुम्हें पाया था, मैंने प्रशान्त को बड़े-बड़े काम करने की छूट दे दी थी...उन कामों में वे इतना आगे बढ़ गए थे कि उन्हें लौटा लाना मेरे बस में नहीं रह गया था...मैं दोनों तरफ़ से

बेबस हो गई थी। तुमसे दूर नहीं जा पाती थी, प्रशान्त के पास नहीं पहुँच पाती थी।...और कुछ नहीं, बड़े-बड़े कामों की बात सुनती हूँ, तो मैं अकेली होने लगती हूँ...अब तो और भी डर लगता है...कहीं मैं बिल्कुल अकेली न पड़ जाऊँ, नकुल...!

—नहीं, मीरा, अधूरे आदमी को औरत पूरा करती है, अधूरी औरत को आदमी पूरा करता है...।

—हाँ नकुल ! सब समझ लेती हूँ...लेकिन फिर भी, कुछ भी समझ में नहीं आता। जो कुछ तुम समझा रहे हो, वही सही होगा...ठीक है, तुम चले जाओ दिल्ली...कोई बात नहीं, पर दूसरे दिन लौट ज़रूर आना...।

—तुम मेरी पत्नी हो...जो कहकर जाऊँगा, वही करूँगा।

नकुल को दिल्ली गए तीसरा दिन था। वक़्त काटना समीरा के लिए मुश्किल हो रहा था। अकेले घर में हर चीज़ जैसे उसे काट खाने को दौड़ती थी। कहीं जाने-आने का मन न होता और न कोई मिलने, हालचाल जानने आता।

आख़िर हारकर उसने पत्रिकाओं की शरण ली थी। जितनी पत्रिकाएँ थीं, एक-एक करके उसने सब पढ़ डालीं। कोई लेख या कहानी अच्छी लगी, तो उसे दुबारा-तिबारा पढ़ डाला...पर फिर भी चैन नहीं था, अकेलापन था कि कुंडली मारे सर्प की तरह हर वक़्त उसके सामने बैठा रहता था।

वह बरामदे में बैठी एक पत्रिका के पन्ने पलट रही थी कि चपरासी डाक लेकर आया। सरकारी लिफ़ाफ़ों की भीड़ में उसकी नज़र एक लिफ़ाफ़े पर पड़ी। पता लिखा था—श्रीमती समीरा नकुल आर्य द्वारा श्री नकुल...।

समीरा उस लिखावट को देखती रह गई। लिखावट प्रशान्त की थी। काँपते हाथों से उसने लिफ़ाफ़े को खोल डाला। भीतर प्रशान्त का एक ख़त था, उसी के साथ विदेश से आई एक चिट्ठी।

प्रशान्त ने लिखा था—

प्रिय श्रीमती आर्य,

साथवाला ख़त आपकी मित्र ललिता का है। मैंने खोला नहीं है। यह ख़त वहीं रोक लिया जाना चाहिए था और आप तक पहुँच जाना चाहिए था। पर दफ़्तरवालों ने ग़लती से सिर्फ़ मेरा नाम देखकर उसे मेरे पास भिजवा दिया। मेहरबानी करके दफ़्तरवालों को बता दीजिए कि आपके ख़त आपको वहीं दे दिए जाएँ। इसे मैं आपके पास भेज रहा हूँ...।

—प्रशान्त

समीरा की आँखें डबडबा आईं। फिर जैसे कोई अनाम रंग उनमें उतर आया। एयरोग्राम की ओर उसने देखा। उस पर लिखे शब्द उसे तैरते से लगे—श्रीमती समीरा वर्मा, केयर ऑफ़ श्री प्रशान्त वर्मा...!

वह एक झटके से उठकर भीतर चली गई।...एकाकीपन में अवसाद भी घुल गया था।

नकुल शाम को आया। आते ही उसने जो दृश्य देखा, उससे वह सन्न-सा रह गया।

समीरा बाल खोले, आँखें सुजाए बैठी थी—सामने ढेरों ख़त फटे पड़े थे। उनके टुकड़े हवा में उड़ रहे थे...समीरा एक-एक ख़त फाड़ती जा रही थी।

—यह क्या हो रहा है ? क्या सूरत बना रखी है ? नकुल तैश में आकर चीख़ा। सूटकेस उसने एक तरफ़ पटक दिया।

—पुराने ख़त फाड़ रही हूँ...समीरा ने बड़े सधे हुए, पर खोखले स्वर में कहा।

ख़तों के टुकड़े इधर-उधर फड़फड़ा रहे थे। कुछ चकराते-उड़ते चले जा रहे थे।

—तुम...पागल हो गई हो क्या ? नकुल फिर चीख़ उठा।

—हाँ।

—तुम्हारा यह पागलपन मुझे भी पागल कर देगा।

—क्यों ? तुम्हें इससे क्या फ़र्क़ पड़ता है ! तुम्हारा भी तो वही रास्ता है।

—मीरा !

नकुल का गुस्सा बेक़ाबू हो गया। तड़ाक !...एक आवाज़ हुई... नकुल का खुला हुआ हाथ समीरा के गाल पर पड़ा था। दूसरे ही क्षण उसने बाँह से पकड़कर उसे खड़ा कर लिया—तुम्हें कोई हक़ नहीं है कि मुझे इस तरह सताओ।...सारी दुनिया मुझे सताने पर उतर आई है।

—इसीलिए हाथ उठ गया आज !...समीरा सन्न ज़रूर थी, पर उसका हाथ अपने गाल की तरफ़ नहीं बढ़ा। इतना ही बोली—मुझे भेज दो यहाँ से।

—कहाँ जाओगी ?

—बम्बई...मैं अपने घरवालों से जाकर माफ़ी माँग लूँगी...।

—बेहतर हो, कलकत्ता चली जाओ।

नकुल के वाक्य ने समीरा को भीतर तक चीर डाला।

—जिस दिन तुम छोड़ दोगे, उस दिन वहाँ भी जा सकती हूँ। पर उससे पहले नहीं !

नकुल ने अपने होंठ भींच लिए, फिर बोला—मीरा ! कुछ औरतें ऐसी होती हैं, जो न खुद जीती हैं, न दूसरों को जीने देती हैं...।

समीरा जैसे मिट्टी की मूरत बन चुकी थी।—अच्छा हुआ, तुमने यह कह दिया...अब मैं अपनी तरह जी सकती हूँ...अपनी तरह मर सकती हूँ...

नकुल झुँझला उठा। गुस्से और खीज से पाँव पटकते हुए वह बाहर निकल गया। घर के बाहर ही ख़ज़ांची बाबू मिल गए। हाथों में टॉर्च। चेहरे पर गम्भीरता...।

—आप ! नकुल के पाँव रुक गए।

—घबराइए नहीं...मैंने कुछ नहीं सुना है...कुछ नहीं देखा है...

नकुल चुपचाप आगे बढ़ गया। ख़ज़ांची बाबू पीछे-पीछे चलने लगे। दोनों पहाड़ी के कगार पर आकर रुक गए। नकुल ख़ज़ांची बाबू से आँख नहीं मिला पा रहा था। काफ़ी देर तक दोनों के बीच चुप्पी छाई रही। फिर नकुल अपने-आप ही बोल उठा—ख़ज़ांची बाबू...कुछ समझ में नहीं आता। मैं किसी से कुछ कह भी नहीं सकता, क्या करूँ...?

—डिप्टी साब...सॉरी सर ! ख़ज़ांची बाबू बोले—जगह और लोग बदल जाने से ज़िन्दगी नहीं बदल जाती। बेहतर हो, आप कुछ दिनों की छुट्टी लेकर मेम साब को कहीं और ले जाइए। मुमकिन हो, तो यहाँ

से ट्रांसफ़र करवा लीजिए।

—मुझे...गुस्सा आ गया था, ख़ज़ांची बाबू...!

—गुस्से से नहीं...प्यार से समझाइए, डिप्टी साब...!

नकुल कुछ नहीं कह पाया। फिर भारी क़दमों से वह बँगले की ओर लौटने लगा।

रात की स्याही चारों तरफ़ फैल गई...और उसके साथ ही सन्नाटा भी।

घर में कोई आवाज़ नहीं थी। न खाना बना था, न किसी ने कुछ खाया था।

वही बेडरूम। वही बिस्तर। वही सिरहाना।

पलंग के सिरहाने से लगे बैठे थे दोनों—नकुल और समीरा। एक-दूसरे के पास। फिर भी जैसे एक-दूसरे से बहुत दूर।

समीरा के होंठ सिले हुए थे—पर मन में आवाज़ों की भीड़ थी : ये आवाज़ें, उनके शब्द, बहुत तीखे थे, चुभन देते हुए...पर उनकी सच्चाई से बच पाना मुमकिन नहीं था। बार-बार वे भीतरी आवाज़ें समीरा को परेशान कर जाती थीं—एक के लिए समी थी, दूसरे के लिए मीरा...समीरा तो कभी नहीं हो पाई...।

पर समीरा की आँखें ख़ाली थीं।

नकुल भी अपने-आप से जूझ रहा था। पर फिर उसने अपने साहस को बटोर लिया।—मीरा ! वह बोला।—मुझे अफ़सोस है...मैंने तुम पर हाथ उठाया।

ख़ामोशी टूटी, तो समीरा की आवाज़ भी जैसे उसे वापस मिल गई।—मैंने तो कुछ कहा नहीं। तुम्हीं अधूरे पति की तरह रुक गए।...पूरे होते तो मुझे कगार से नीचे घाटी में फेंक देते...मैं तुम्हारी होकर मर जाती।

—मीरा !

—हाँ नकुल ! मुश्किल यही है कि कोई पति पूरा पति नहीं बन पाता...या तो तुम दक़ियानूस बन जाते और हड्डी-पसली तोड़कर रख देते...या बराबरी का दर्जा देकर एक-दूसरे को हम पूरा कर सकते। हाथ उठाते हो, तो अधूरा...और चाहते हो कि पत्नी पूरी हो जाए !

—मैं दिल्ली से लौटा, तो बहुत परेशान था, मीरा ! मैं वहाँ से हारा

हुआ आया था, पर मैं तुमसे जीतना चाहता था...।

—और मैं तुमसे हारकर दुनिया जीतना चाहती थी, नकुल !

नकुल एकाएक पिघल गया। आत्म-ग्लानि और पराजय-बोध ने जैसे उसे ग्रस लिया। चेहरा छिपाने के लिए वह कुछ ढूँढ़ने लगा—और वह कुछ समीरा के सीने में ही हो सकता था। वहीं अपने-आप को छिपाकर वह रो पड़ा।

समीरा भी अपने आँसू नहीं रोक पाई।

रात की बात, लगता था, रात के साथ ही बीत गई थी। सुबह सब कुछ सामान्य था। नकुल को लगा था, समीरा भी अब ठीक है...हालाँकि रात की बात का ख़याल आते ही वह भीतर ही भीतर आशंकित-सा हो उठता था।

—मीरा, तुम नाश्ता लगवाओ, मैं नहाकर आ रहा हूँ। उसने बाथरूम में घुसते हुए कहा था—फिर साथ-साथ नाश्ता करेंगे।

समीरा किचन की ओर चली गई थी।

नकुल ने नहाना अभी शुरू ही किया था कि तहसीलदार साहब को साथ लिए डिप्टी और ख़ज़ांची बाबू आ गए। तहसीलदार साहब आदिवासियों को मुआवज़े की रक़म देने आए थे। रात को वे डिप्टी साब के घर पर ही रुके थे।

दरवाजा समीरा ने ही खोला। एकाएक तहसीलदार साहब अचरज में पड़ गए—आप ! वे बोले—प्रशान्त साब आए हुए हैं क्या ?

समीरा जैसे भीतरी आशंका से दहल गई। उससे कोई जवाब देते नहीं बना। पर ख़ज़ांची बाबू ने स्थिति सँभाल ली। बोले—तहसीलदार साहब ! आप...चाय पीएँगे या कॉफ़ी ?...फिर वे सन्न पड़ी समीरा की ओर घूमते हुए बोले—मेम साब, अगर आप गरमागरम चाय पिलवा दें, तो बहुत मेहरबानी होगी...।

समीरा भीतर से जैसे छिल गई थी। वह अन्दर चली गई।

डिप्टी बाबू को भी बड़ा अजीब-सा लग रहा था।

समीरा चली गई, तो तहसीलदार साहब को कुर्सी पर बैठाते हुए ख़ज़ांची बाबू बोले—तहसीलदार साहब, ज़िन्दगी का मैथेमेटिक्स बिल्कुल अलग होता है। इसमें एक और एक मिलकर एक होना चाहते हैं, पर

ज़्यादातर एक और एक मिलकर दो हो जाते हैं, या ग्यारह बनकर रह जाते हैं...ज़िन्दगी में जहाँ दो या ग्यारह हुए, वहाँ मैथेमेटिक्स तो सही साबित हो जाता है, पर ज़िन्दगी ग़लत हो जाती है।

बात तहसीलदार साहब की समझ में कुछ आई, कुछ नहीं आई, पर उन्होंने फिर सवाल नहीं किया। उन लोगों के बीच इधर-उधर की बातें होने लगीं।

समीरा परेशान थी। उसकी समझ में कुछ नहीं आ रहा था कि वह क्या करे ? उसने जाकर बाथरूम का दरवाजा खटखटा दिया। साथ ही बोली—सुनो !

—क्या है ? नकुल ने भीतर से ही कहा।

—ज़रा जल्दी से निकलो...अपने तहसीलदार साहब को सँभालो जाकर...

—बस, अभी आया। तब तक तुम बैठो ज़रा...।

—यह दुनिया बैठने देती है कहीं !...भुनभुनाती हुई समीरा किचन की तरफ़ चली गई। उसने वहीं से नौकर के हाथ चाय-नाश्ता भिजवा दिया।

नकुल तेज़ी से बाथरूम से निकला, बड़ी फुर्ती से उसने पैंट-शर्ट पहनी और हॉल में पहुँचा। तहसीलदार साहब को देखते ही बोला—तहसीलदार साहब, आदिवासियों को बसाने के लिए आवास का इन्तज़ाम हो गया है। आप लोग जाकर कंपेन्सेशन बाँट दीजिए। फिर वह डिप्टी बाबू की तरफ़ घूमा—डिप्टी साब, आप उन लोगों को नई बसाहट तक पहुँचाने का इन्तज़ाम कर दीजिए...।

डिप्टी साहब ने अपनी मोटी गरदन हिला दी—जी, सर...बहुत अच्छा...!

नकुल ने देखा, चाय और नाश्तेवाली ट्रे ज्यों की त्यों पड़ी हुई है। हैरानी से बोला—अरे ! आप लोगों ने चाय नहीं ली ?

नौकर अभी तक वहीं था। नकुल ने उससे कहा—मेम साब को भेजो।

नौकर चला गया।

—सुना था...दिल्ली में कुछ नाराज़गी हो गई। तहसीलदार साहब

ने बड़े धीमे स्वर में कहा।

—हाँ, तहसीलदार साब...नाराज़गी इस बात पर भी है कि क्यों हमने सरकारी खर्चे पर आदिवासियों को घर बनाकर दिए हैं। मैं अड़ गया कि हमने सही किया है...।

तभी समीरा आ गई। उसके चेहरे से ही लग रहा था कि आने का उसका मन नहीं था। आते ही वह चाय बनाने लगी।

तहसीलदार साहब ने व्यंग्य से कहा—किसी का घर उजाड़ेंगे, तो उसे घर बनाकर देना भी ज़रूरी है।

—पर सरकार तो सिर्फ़ मैथेमेटिक्स देखती है ! ख़ज़ांची बाबू ने फिर स्थिति सँभाली—उनके हिसाब से आदिवासियों को बसाने में बजट बढ़ गया है। पता नहीं क्यों, लोग और सब देखते हैं, ज़िन्दगी नहीं देखते ! ज़िन्दगी इस पैसे, धरती और आसमान से ज़्यादा क़ीमती है, साहब !

समीरा को जैसे थोड़ा-सा सहारा मिल गया।

थोड़ी देर बाद तहसीलदार साहब चलने को हुए, तो उनका व्यंग्य फिर लौट आया। समीरा से बोले—भाभीजी, कोफ़्ते कब खिलाएँगी ?

—उस दिन भी कोफ़्ते इन्हीं की पसन्द के बने थे। कुढ़न और तीखेपन के मिले-जुले स्वर में समीरा ने उत्तर देते हुए नकुल की ओर इशारा कर दिया।

तहसीलदार साहब केवल मुस्कुराकर रह गए—एक अश्लील-सी अर्थपूर्ण मुस्कराहट।

सब चले गए, तो नकुल समीरा को समझाने लगा—मीरा ! ज़िन्दगी को सहो मत, ज़िन्दगी को जियो ! तहसीलदार को तुमने अच्छा जवाब दिया...इसी तरह जियो !

—धीरे-धीरे...शायद...जीना सीख जाऊँ...

—शायद नहीं, शर्तिया। देखो मीरा, जो लोग दुनिया से लड़ते हैं, उन्हें अपनी एक और दुनिया बनानी पड़ती है।

—और इस दुनिया को बनाने-बनाने में कितना कुछ टूट जाता है, नकुल...!

—नहीं, मीरा...ऐसे नहीं...यह सोचना ही ग़लत है...नकुल ने कहने को तो कह दिया, लेकिन भीतर उसने कहीं यह महसूस किया कि यह समीरा की बात का जवाब नहीं हो सकता।

शाम को इंस्पेक्शन-बँगले से मार-पीट की आवाज़ें आने लगीं, तो छोटी-सी बस्ती चौकन्नी हो गई। लोगों की समझ में नहीं आया कि क्या हुआ था !

मुआवज़े की रक़म आदिवासियों में बाँटकर तहसीलदार साहब लौट आए थे। शाम को थकान मिटाने के लिए वहीं इंस्पेक्शन-बँगले में तहसीलदार, डिप्टी, ओवरसियर और खजांची बाबू बैठे थे। बातों-बातों में तहसीलदार ने अपनी रौ में आकर समीरा के लिए कुछ भद्दे शब्द कह दिए—यार, हमें पता होता, तो हम ही जीत लेते इस हूर को। मौक़ा चूक गए।

बस, ख़ज़ांची बाबू का ख़ून खौल गया। वे इस जुमले को बर्दाश्त नहीं कर पाए। एकाएक उन्होंने अपनी टॉर्च से तहसीलदार पर वार कर दिया और चीखते हुए बोले—हरामज़ादे ! तुम्हारा मैथेमेटिक्स ही ग़लत है। आदमी को सिर्फ़ औरत की ज़रूरत होती है...पर औरत को हर आदमी की नहीं, उस आदमी की ज़रूरत होती है, जिसे वह मन से सके। समझे...!

हंगामा हुआ, तो नकुल के बँगले की बत्तियाँ भी जल उठीं। समीरा बरामदे से देखती रही। नकुल जल्दी-जल्दी ऊपर गया। जलती-बुझती टॉर्च देखी, तो समझ गया कि ख़ज़ांची बाबू भिड़ गए हैं।

मामला किसी तरह रफ़ा-दफ़ा हुआ।

सब के शान्त हो जाने पर भी ख़ज़ांची बाबू चीख़ते रहे—औरत को अपनी ज़िन्दगी जीने का हक़ क्यों नहीं है ? हम कब तक उसे बेइज़्ज़त करते रहेंगे ? आदमी औरत बदल ले, तो ठीक ! औरत आदमी बदल ले तो ग़लत ! वाह !...वाह ! क्या मैथेमेटिक्स है।...आदमी एक में से एक घटाए, तो बचे एक, औरत एक में से एक घटाए तो बचे सिफ़र, वाह...!

नकुल ने किसी तरह ख़ज़ांची बाबू को शान्त किया। फिर भी वे कहते रहे—इस तहसीलदार से कहिए, चलकर मेमसाब से माफ़ी माँगे।

—मेमसाब ने कुछ सुना नहीं है...माफ़ी-वाफ़ी की ज़रूरत क्या है ? नकुल ने समझाया।

तहसीलदार साहब को इन सब बातों की क़तई उम्मीद नहीं थी। वे वहाँ से उठे और अपनी गाड़ी में बैठकर बस्ती की ओर लौट गए।

—आपको तो कभी इस तरह नाराज होते नहीं देखा, ख़ज़ांची

बाबू ! नकुल ने कहा—पर आज...।

ख़ज़ांची बाबू दो पल खामोश रहे। फिर जैसे अपने-आप से ही बोले—जब से मेरा टामी मरा है, सर, तब से अपने मन की बातें मैं किसी से नहीं कह पाता...ये आदमी लोग मेरी बातें समझ नहीं सकते...वह समझता था...।

ख़ज़ांची बाबू की आँखें छलछला आई थीं। उन्होंने आस्तीन से आँखें पोंछ लीं और बोले—अब मुझे समझनेवाला कोई नहीं है, सर...!

इतना कहकर ख़ज़ांची बाबू अपनी सूनी-सूनी आँखों से अँधेरी घाटियों की ओर देखने लगे। एक पल रुककर उन्होंने कुछ सोचा, फिर टॉर्च जलाकर दूर अँधेरे में जैसे टामी को ढूँढ़ने लगे। वह नहीं दिखाई दिया, तो टॉर्च को अँधेरी घाटी में फेंक लड़खड़ाते हुए वे अपने क्वार्टर की ओर चले गए।

नकुल वहीं अँधेरे में तब तक अपनी आँखें गड़ाए खड़ा रहा, जब तक ख़ज़ांची बाबू की डोलती हुई छाया बहुत दूर के अँधेरे में लुप्त नहीं हो गई।

समीरा सब जानती थी—यह भी जानती थी कि उस पूरे इलाक़े में कोई उसे पहचान पाया था, तो सिर्फ़ ख़ज़ांची बाबू।

दूसरे दिन वह बस्ती गई, तो और सामान के साथ उसने एक टॉर्च भी ख़रीद ली।

शाम को ख़ज़ांची बाबू घर पर ही थे। समीरा को अपने क्वार्टर में देख वे हैरान रह गए।—आप ! वे बोले—क्या बात है, मेमसाब ! मुझे बुला लिया होता।

समीरा ने टॉर्च उनकी ओर बढ़ा दी—यह मैं आपके लिए लाई थी...।

ख़ज़ांची बाबू ने टॉर्च देखी, फिर समीरा की गहरी-गहरी आँखों में देखा...और एकदम पिघल गए।

—आइए...अन्दर आइए न...ख़ज़ांची बाबू जल्दी से भीतर जाकर

एक कुर्सी उठा लाए। समीरा चुपचाप बैठ गई। बरामदे में ही खाट पड़ी थी। ख़ज़ांची बाबू उस पर बैठ गए।

दो-तीन पल की ख़ामोशी ने ही समीरा को परेशान कर दिया। उसे लगा, यह खामोशी उसे घेर लेगी तो उससे छूटना मुश्किल हो जाएगा। सहसा बोल उठी—आप यहाँ एकदम अकेले रहते हैं ?

—हाँ, मेमसाब...!

समीरा ने सोचा था, सवाल करके वह ख़ामोशी को तोड़ सकेगी। लेकिन ख़ज़ांची बाबू इतना-सा बोलकर ही खामोश हो गए। समीरा घबराकर इधर-उधर देखने लगी। फिर उसने अपनी निगाहें ख़ज़ांची बाबू के चेहरे पर स्थिर कर दीं।

ख़ज़ांची बाबू ने जैसे खुद ही समीरा के मन में घुमड़ते प्रश्नों को पढ़ लिया और कहने लगे—औरत क्या होती है, यह औरत को खोकर ही मालूम होता है, मेम साब ! मैं भी निन्यानबे के चक्कर में था। समझ ही नहीं पाया कि शांता क्या चाहती थी। एक दिन वह गले में फंदा लगाकर झूल गई, तो मालूम हुआ कि वह ज़िन्दगी चाहती थी। टामी को उसी ने पाला था...आप भी आत्म-हत्या कर सकती थीं, मेमसाब, पर आपने हिम्मत की। यहाँ हर सही मुद्दे के लिए लड़ना पड़ता है...मैथेमेटिक्स आखिर क्या है ? इंटू, डिवाइडिड बाई, प्लस, माइनस—यही न ! एक हिन्दसा दूसरे हिन्दसे को काटता है, तब रिजल्ट तक पहुँचते हैं—तभी आन्सर मिलता है...।

ख़ज़ांची बाबू के शब्द जैसे एकाएक चूक गए।

—आपने मेरे लिए लड़ाई की...!

—क्यों न करता ? औरत अपनी लड़ाई अकेले क्यों लड़े ? क्या दुनिया में आदमी-औरत के बीच पैदा होनेवाले हर सवाल का जवाब सिर्फ़ औरत को ही देना है ? नहीं, मेमसाब...मैं आपके लिए नहीं, शांता के लिए लड़ा था...।

समीरा अपने मन में एक अजीब-सी उथल-पुथल, फिर भी अव्यक्त सुकून लिए वहाँ से चली आई।

घर पहुँची, तो नकुल आया हुआ था—बड़ी देर कर दी। वह बोला—कहाँ चली गई थीं ?

—बस्ती, बाजार...सामान खरीदना था। फिर ख़ज़ांची बाबू को देखने चली गई। उनकी तबीयत अच्छी नहीं थी। बाज़ार गई तो लगा, तुम साथ होते तो कितना अच्छा लगता, हमेशा की तरह।

—क्या करूँ, मीरा ! काम बहुत है। अब सैकिंड फ़ेज समाप्ति पर है। थर्ड के लिए उलझनें बढ़ती जा रही हैं। बजट बढ़ता जा रहा है और मिनिस्ट्री थर्ड फ़ेज को पुराने प्लान के मुताबिक़ ही पूरा करना चाहती है, जो अब क़तई मुमकिन नहीं है। लगता है, दिल्ली तक भाग-दौड़, मीटिंगों, कॉन्फरेंसों का लम्बा सिलसिला चलेगा...।

समीरा फिर उलझकर रह गई।

तभी दूर बाँध से ज़बर्दस्त धमाके की आवाज आई। सारी कॉलोनी दहल गई।

समीरा का मन किसी आशंका से हिल उठा। नकुल के चेहरे पर भी चिन्ता की लहरें खिंच आईं।

नकुल बरामदे की रेलिंग की तरफ़ भागा। दूर, बाँध की साइट पर धूल का बड़ा-सा बगूला मँडरा रहा था। शोर की आवाज़ें छनकर यहाँ तक आ रही थीं।

समीरा भी बाहर आ गई। नकुल को परेशान देखकर कुछ कहने को हुई कि वह बोला—कुछ गड़बड़ हुई लगती है। मैं देखकर आता हूँ...कहते हुए वह जीप की ओर बढ़ा, कि तभी भीतर फ़ोन की घंटी बज उठी।

नकुल भागकर भीतर पहुँचा और उसने काँपते हाथ से फ़ोन उठा लिया।

—हलो !

—सर ! सर ! दूसरी ओर से ओवरसियर की घबराई हुई आवाज़ आई—एक पिलर गिर गया है, सर...!

—ओह गॉड ! एनी कैजुएल्टी ?

—अभी पता नहीं है, सर..हम लोग देख रहे हैं...।

—ठीक है, आप वहीं रहिए, मैं फ़ौरन आ रहा हूँ।

—क्या हुआ ? समीरा ने नकुल से पूछा, तो बाहर निकलते-निकलते वह तेज़ी से बोला—एक पिलर गिर गया है...मैं साइट से होकर आता हूँ...।

वह जीप लेकर साइट की ओर भागा।

साइट पर पहुँचकर नकुल को पता चला कि कई मज़दूर घायल हुए थे—पर ग़नीमत थी, कोई मरा नहीं था। गलती से क्रेन का लोड ज़्यादा हो गया था और कन्वेयर बेल्ट उतना वज़न सँभाल नहीं पाई थी। सारा लोड धमाके के साथ क्रेन की आर्म सहित पिलर पर गिरा था और पिलर भरभराकर टूट गया था। क्रैनमैन डर के मारे बेहोश हो गया था।

ओवरसियर की मदद से नकुल सारी स्थिति का जायज़ा लेने लगा कि रिपोर्ट तैयार कर सके।

नकुल ने साइट पर हुई दुर्घटना की रिपोर्ट भेज दी—लेकिन उतने से ही बात नहीं बनी। बाँध को लेकर और भी जितनी समस्याएँ उठ खड़ी हुई थीं, उनके सिलसिले में नकुल को दिल्ली जाना ही पड़ा।

जाने का नकुल का मन नहीं था। वह जानता था, समीरा उसके बग़ैर बहुत अकेला महसूस करेगी, पर कोई चारा भी नहीं था।

दिल्ली पहुँचकर, वक़्त मिलते ही नकुल ने समीरा को फ़ोन किया—मीरा, अपने-आपको अकेला मत महसूस करना। मेरा मन तुम्हारे ही साथ है। दो-तीन दिनों में यहाँ का काम ख़त्म होते ही मैं चला आऊँगा।

लेकिन समीरा को शब्दों की ज़रूरत नहीं थी—उसे चाहिए थी नकुल की उपस्थिति, उसकी निकटता, उसका स्पर्श...और यह सब कुछ धीरे-धीरे कम होता जा रहा था।

चौथे दिन नकुल लौटकर आया। मन्त्रालय के सचिव ने उससे इतना ही कहा था—मेरे ख़याल से पूरे प्रोजेक्ट का जायज़ा ले लिया जाए और एक्सपर्ट एपांइट करके रिपोर्ट ले ली जाए। तभी आगे बढ़ा जाए। सेकंड फ़ेज का जो काम बाक़ी है, उसे जल्दी से जल्दी पूरा कर दिया जाए।

इस जल्दी ने नकुल को उलझाकर रख दिया। लौटकर आने पर भी सचिव के शब्द बार-बार उसके कानों में गूँजने लगते। नकुल ने अपने-आपको पूरी तरह बाँध के निर्माण-कार्य में डुबो दिया।

वह घर में होता, तो बाँध के नक्शे उसे बेचैन किए रहते। बाँध पर होता तो अकेली पड़ती जाती समीरा का खयाल उसके दिमाग़ में

होता।

फिर वही—क्रेनें, बुलडोजर, क्वेरी में धमाके...।

समीरा का ख़याल आते ही नकुल उसे फ़ोन करता।

—मीरा !

समीरा कहती—हाँ !

—क्या कर रही हो ?

—बैठी हूँ।

—शाम शायद, ज़रा देर हो जाएगी।

—अच्छा।

फिर दूसरे दिन, वही बात। फिर तीसरे दिन, चौथे, पाँचवें, छठे दिन—वही बात।

—मीरा !

—हाँ। बैठी हूँ...अच्छा।...

और फिर एक दिन फ़ोन बजा। समीरा सुनती रही। उठी नहीं। सिर्फ़ एक बार उसने घुटने पर रखी पत्रिका से सिर उठाकर बजते हुए फ़ोन की ओर देखा, और फिर अपना ध्यान पत्रिका में लगा दिया। थोड़ी देर घंटी बजती रही। फिर बन्द हो गई।

शाम को नकुल काफ़ी देर से घर लौटा। आया, तो थका हुआ था... जी में आया कि फ़ोन के बारे में एक बार समीरा से पूछ ले, पर फिर हिम्मत ही नहीं हुई। वह टाल गया।

रात को वह बहुत परेशान था। काम की फ़िक्र तो थी ही, घर में भी जो सन्नाटा छाया जा रहा था, वह उसे काफ़ी बेचैन कर रहा था। आख़िर उसने खुद ही बात छेड़ी—सुनो, मीरा...सोचता हूँ, यहाँ से ट्रांसफर करवा लूँ...इस प्रोजेक्ट ने तो सारा चैन ही लूट लिया है। तरह-तरह की बातें हैं...मिसमैनेजमेंट भी। पिछली बार दिल्ली गया था, तो एक प्राइवेट फ़र्मवालों से बात हुई। उन्हें एक फ़र्टिलाइज़र फ़ैक्टरी लगाने का लाइसेंस मिला है और उन्हें कंस्ट्रक्शन इंजीनियर की जरूरत है...।

समीरा के चेहरे पर किसी तरह की कोई प्रतिक्रिया हुई या नहीं—यह देखने के लिए नकुल एक क्षण के लिए रुक गया। उसे लगा,

वह हाड़-मांस की किसी स्त्री से नहीं, पत्थर की किसी बेजान मूर्ति से बात कर रहा है। फिर भी उसने किसी तरह अपनी बात पूरी कर डाली—मेरे खयाल से तो सरकारी नौकरी छोड़कर प्राइवेट फ़र्म में जाने का रिस्क लिया जा सकता है। वहाँ आगे बढ़ने के मौक़े भी ज़्यादा हैं...आदमी कहीं से कहीं पहुँच सकता है...यहाँ क्या है ? इसी चीफ़ इंजीनियरी में सड़ना है....।

बड़े संयत स्वर में समीरा बोली—आगे ज़रूर बढ़ो, नकुल...पर कहीं मैं फिर पीछे न छूट जाऊँ।

—कैसी बातें करती हो ? ऐसा भी कभी हो सकता है !...कहकर नकुल ने उसकी कमर में हाथ डाला, तो गहरी साँस लेकर समीरा ने करवट बदल ली।

—मीरा ! नकुल के स्वर में अजीब अनुनय का भाव था।

—नहीं नकुल...आज नहीं...।

नकुल ने उसकी कमर से अपना हाथ खींच लिया और करवट लेकर सो गया।

समीरा बेड की पाटी से चिपकी पड़ी थी—उसकी आँखें भीग आई थीं।

·

दिल्ली से बुलावा आया, तो नकुल को फिर जाना पड़ गया। उसके सामने दिक़्क़तें थीं। मिनिस्ट्री को वह किसी भी तरह आश्वस्त नहीं कर पा रहा था। कोई उसकी बात सुनने को तैयार ही नहीं था। उसके सारे तर्क एक ही बात कहकर टाल दिए जाते थे कि प्रशान्त साहब ने पुराने बजट में बाँध को पूरा करने की ज़िम्मेदारी ली थी, तो नकुल नए ख़र्चे क्यों गिना रहा है !

आख़िर, मीटिंग में दीक्षित जी ने ही राय दी—मेरा ख़याल है कि एक्सपर्ट के रूप में प्रशान्त वर्मा साहब को ही नियुक्त कर दिया जाए। उन्होंने ही प्रोजेक्ट को तैयार किया था। उनसे बेहतर राय कौन दे सकता है ?

नकुल ने कुछ नहीं कहा।

मीटिंग के बाद वह बहुत उखड़ा हुआ महसूस कर रहा था। प्रोजेक्ट में उसकी रुचि बिल्कुल नहीं रह गई थी। वह सोचता रहा और फिर उसने फ़ोन करके उन प्राइवेट फ़र्मवालों को होटल में ही बुला लिया, जो उसे काम देने को तैयार थे। उनसे बातें करके थोड़ी राहत महसूस हुई–लगा, आगे का रास्ता खुल रहा है।

रात को उसने समीरा को फ़ोन किया।

–मीरा ! उसने कहा–यहाँ की मीटिंग तो ख़त्म हो गई है, पर भरतपुर के पास उस प्राइवेट फ़र्मवालों को जगह मिली है–फ़ैक्टरी लगाने के लिए। वे चाहते हैं कि मैं एक बार उस एरिया का सर्वे कर लूँ। सर्वे करके कंस्ट्रक्शन का ब्लूप्रिंट तैयार कर दूँ। अगर उन्हें मेरा प्लान जँच गया, तो उस जंगल से निकलकर हम शहर में आ जाएँगे और आगे के दरवाज़े खुल जाएँगे...तुम कहो तो हो आऊँ ?

–तो हो आओ...स़मीरा ने बेहद उदासी से उत्तर दिया–वहाँ से लौटो, तो पढ़ने के लिए कुछ लेते आना...पत्रिकाएँ, किताबें...।

–जरूर लेता आऊँगा...पर देखो, उदास मत होना। न ही अकेला महसूस करना...।

–कोशिश करूँगी...और समीरा ने लाइन काट दी।

नकुल को सर्वेक्षण के काम में तीन दिन लग गए। आश्वस्त और सन्तोष का भाव लिए चार दिन बाद वह घर लौटा। पहुँचते ही समीरा ने सवाल किया–मेरे लिए किताबें लाए ?

नकुल को ध्यान ही नहीं रहा था। खिसियाना-सा होकर बोला–ओह, मीरा...इतनी भागदौड़ रही कि एकदम भूल ही गया...पर चिन्ता मत करो...मैं आज ही फ़ोन किए देता हूँ–कोई न कोई आनेवाला लेता आएगा।

समीरा ने कुछ नहीं कहा।

एक बार फिर वही क्रम चलने लगा–साइट, क्रेनें, बुलडोज़र। दिन में कभी ख़याल आ जाता तो नकुल समीरा को फ़ोन कर लेता। वही सवाल–क्या कर रही हो, मीरा ? वही जवाब–बैठी हूँ...फिर वही

बात...मैं सात बजे तक आ जाऊँगा...और समीरा का एक ही शब्द—अच्छा...!

रात को नकुल थका-माँदा साइट से लौटता और मुँह-हाथ धोकर सर्वे किए हुए एरिया की प्लानिंग करने बैठ जाता। बहुत देर हो जाती, तो समीरा आकर कहती—चलो, खाना खा लो। बहुत देर हो गई है...।

नकुल उठता और सीधे खाने की मेज़ पर जा बैठता। खाने के दौरान कोई बात न होती। फिर मेज़ से उठकर नकुल प्लानिंग में जुट जाता। समीरा पास आकर खड़ी होती, तो जैसे अपने-आप ही नकुल कह उठता—बस, यह प्लान एक बार एप्रूव हो जाए, तो सारी ज़िन्दगी का नक़्शा ही बदल जाएगा...।

समीरा की ऊब उबासी के रूप में व्यक्त होती और वह सोने चली जाती।

कुछ दिन बाद ही तार आ गया कि प्रशान्त साहब साइट पर आ रहे हैं। इंस्पेक्शन-बँगले में उनके ठहरने का इन्तज़ाम कर दिया गया।

प्रशान्त को सुबह-सुबह ही आना था। डिप्टी साहब, ओवरसियर बाबू, ख़ज़ांची बाबू इन्तज़ार कर रहे थे। अर्दली भी खड़ा था, ख़ानसामा भी—ठीक उसी दिन की तरह, जिस दिन प्रशान्त पहली बार यहाँ आया था।

प्रशान्त की कार को दूर से आता देख अर्दली भागकर नकुल के बँगले की ओर चला गया।

प्रशान्त की कार आकर बँगले में रुकी। प्रशान्त उतरा—अकेला।

सभी ने उसे नमस्कार किया। प्रशान्त ने सबसे हाथ मिलाया। सबके हाल-चाल पूछे। तभी माली भी आकर खड़ा हो गया हाथ जोड़कर।

—कैसे हो, माली ? प्रशान्त ने पूछा।

—ठीक हूँ, सरकार !

—तुम्हारे पेड़-पौधे कैसे हैं ? अमलतास का पेड़ लगाया था, वह

फूलने लगा ?

—अभी नहीं, सरकार...!

—और...ख़ज़ांची बाबू, आप ?...मज़े में तो हैं न ?

—हाँ, सर...ठीक ही हूँ...!

प्रशान्त बँगले के भीतर जाने लगा।

उधर नकुल जूते पहन रहा था कि अर्दली ने ख़बर दी—साहब आ गए हैं।

समीरा ने भी सुना। नकुल ने कहा—मीरा, रूमाल देना।

समीरा ने उसे रूमाल थमा दिया। नकुल चला गया। समीरा चुपचाप खड़ी रह गई। फिर धीरे-धीरे उसने एक-एक करके बँगले की हर खिड़की, हर दरवाज़े को बन्द करके जैसे अपने-आपको उसमें क़ैद कर लिया।

नकुल इंस्पेक्शन-बँगले में पहुँचा, तो प्रशान्त ने लपककर खुद ही हाथ मिलाया— हलो ! कैसे हो, नकुल ?

—ठीक हूँ, प्रशान्त साहब !

—क्या...दिक़्क़त क्या है भई, थर्ड फ़ेज को लेकर ? प्रशान्त सीधे काम की बात पर आ गया।

—कुछ परिवर्तन तो करने ही पड़ते हैं। सेकंड फ़ेज के मुताबिक अब ज़रूरी हो गया है कि पश्चिम पहाड़ियों के बीच के गैप को भी भरा जाए...वह एक्स्ट्रा वर्क है...नकुल ने स्थिति बता दी।

—हूँ...प्रशान्त गम्भीर हो गया।

—सर, आप साइट पर चलकर ही जायज़ा ले लें, तो बेहतर रहेगा। डिप्टी साहब ने कहा तो प्रशान्त ने फ़ौरन कहा—ठीक है। मैं ग्यारह बजे आता हूँ। क्यों नकुल ?

ओ.के. कहकर नकुल डिप्टी साहब की ओर मुख़ातिब हुआ। बोला—डिप्टी साहब, सारे चार्ट्स, फ़ाइलें, ब्लूप्रिंट सब तैयार रहना चाहिए। कोई चीज़ छूटने न पाए। ध्यान रखिएगा।

—जी। आप चिन्ता मत कीजिए...डिप्टी साहब ने कहा।

—अच्छा, प्रशान्त साहब ! नकुल बोला—तो ग्यारह बजे साइट पर ही मिलते हैं...।

—यस ! प्रशान्त ने कहा।

सब लोग चले गए।

प्रशान्त ने इंस्पेक्शन-बँगले की सब खिड़कियाँ और दरवाज़े एक-एक करके खोल दिए। फिर उसकी नज़र सामनेवाले 'अपने' बँगले की ओर चली गई—वहाँ, बरामदे में डिप्टी साहब की लड़की के छोटे-से बच्चे को आया खिला रही थी।

प्रशान्त के चेहरे पर हल्की-सी मुस्कुराहट आई और फिर गुम हो गई। दूसरे ही क्षण जाने क्या हुआ कि उसकी आँखों में पानी की पतली-सी परत तैर आई।

प्रशान्त से मिलकर नकुल अपने बँगले में लौटा। तब तक समीरा ने रोकर अपनी घुटन को निकाल लिया था और सब दरवाजे-खिड़कियाँ भी खोल दी थीं। नकुल आया, तो समीरा सामान्य थी।

वह बोला—अच्छा मीरा, मैं साइट पर जा रहा हूँ...।

समीरा ने बाहर देखा—धूप अभी से ही खासी तीखी हो उठी थी।

—छाता लेते जाओ...वह बोली।

—है ही कहाँ ?

—है। मैं लेकर आती हूँ...कहकर समीरा भीतर गई और एक छाता निकाल लाई। छाता समीरा का था। देखते ही नकुल बोला—यह तो लेडीज़ है।

—तो क्या हुआ ? छाँह तो देगा।

नकुल ने बहस नहीं की। उसी छाते को लेकर साइट के लिए चल दिया।

इंस्पेक्शन-बँगले में जीप खड़ी थी। प्रशान्त तैयार होकर निकला, तो ड्राइवर ने सलाम ठोंका। पर प्रशान्त जीप की ओर नहीं बढ़ा। उसने ड्राइवर से कह दिया—ड्राइवर, तुम चलो...मैं पैदल उतर आऊँगा। फिर वह ड्राइवर के जवाब का इन्तज़ार किए बग़ैर ही ढलानवाली पगडंडी से नीचे उतरने लगा।

चलते-चलते उसे उस पहली रात का ध्यान हो आया, जो उसने यहाँ बिताई थी। सब कुछ वैसा ही था...वह ढलान, वह पेड़, जिसकी छाया को देखकर उसने कभी समीरा से कहा था...यह छाया हमारी

है...पर आज सूरज की धूप से पड़ती छाया की शक्ल ही अलग थी। जाने क्यों, प्रशान्त का मन गुनगुनाने को हो आया। लेकिन पंक्ति जो होंठों पर आई, वह भावुकता भरी थी—'छाया मत छूना मन। होगा दुःख दूना मन...!'

गुनगुनाते हुए ही वह पगडंडी से उतर गया।

और फिर नकुल के बँगले के पास से गुज़रते हुए, समीरा को देखकर वह चौंक गया। उसे पता नहीं था, नकुल डिप्टी के बँगले में ही रहता है।

समीरा ने अचार के बर्तन धोकर सुखाने के लिए धूप में रखे थे। वह प्रशान्त को देखकर सँभली तो एक मर्तबान हिल गया। लुढ़कते हुए वह नीचे गया और एक पत्थर से टकराकर चूर-चूर हो गया। समीरा सिर्फ़ उसका ढक्कन पकड़े खड़ी रह गई।

प्रशान्त भी एक पल के लिए ठिठका खड़ा रह गया...फिर कुछ सोचते हुए वह नीचे उतरने लगा।

साइट पर पहुँचते ही प्रशान्त काम में व्यस्त हो गया। नकुल और डिप्टी की मदद से मुआयने का काम चलने लगा। ब्लूप्रिंट, फ़ाइलें सब कुछ साथ था। तरह-तरह की पैमाइशें चल रही थीं। धूप बहुत थी। नकुल ने छाता अर्दली को थमा दिया था—वह कभी नकुल को छाया देता, कभी प्रशान्त को...।

दो बजे के क़रीब उन्हें होश आया कि खाना खा लेना चाहिए। खाना नकुल के घर से ही बनकर आया था। साइट के दफ़्तर में ही अर्दली ने एक मेज़ पर खाना लगा दिया।

टिफ़िन कैरियर बीच में रखा हुआ था। नैपकिन साथ थे। अर्दली ने प्लेंटे लगा दीं।

प्रशान्त ने टिफ़िन कैरियर खोलने के लिए ऐसे हाथ बढ़ाया, जैसे खाना उसके घर से आया हो और उसे ही परोसना चाहिए। नकुल ने भी उसी तरह हाथ बढ़ाया...और दोनों सकुचाकर रह गए।

आख़िर स्थिति को सँभालकर नकुल ने अर्दली से कहा—रामदास !

खाना परोस दो।

अर्दली खाना परोसने लगा।

साइट पर खाना चलता रहा।

उधर बँगले में अपनी प्लेट में खाना परोसे समीरा टेलीफ़ोन के पास चिपकी बैठी रही–जैसे कोई आवाज़ वह सुनना चाहती थी...कोई भी आवाज़।

तभी एकाएक घंटी बजी। समीरा ने झपटकर रिसीवर उठाया और बोली–हलो !....हलो...!

दूसरी तरफ़ से आवाज़ नहीं आई। फिर लाइन कट गई।

समीरा ने खानेवाली प्लेट को परे सरका दिया और ख़ामोश बैठ गई।

कुछ देर बाद वह उठी और प्लेट को, खाने समेत, किचन में रख आई।

धूप अब भी चिलचिला रही थी। समीरा बरामदे में चली गई। धूप में हर चीज़ पिघलती-सी लग रही थी। कुछ क्षण वह गर्मी की उन लहरों को उठते हुए देखती रही, जिन्हें देखा कम, महसूस ज़्यादा किया जाता है। फिर वह भीतर गई और पुरानी, कई बार पढ़ी हुई पत्रिकाएँ उठा लाई। बरामदे में पड़ी आरामकुर्सी पर बैठकर वह पत्रिकाओं के पन्ने उलटने लगी।

तीसरे पहर के आसपास समीरा ने देखा–प्रशान्त उसी रास्ते से अकेला लौट रहा था।

प्रशान्त ने समीरा को देखा, समीरा ने प्रशान्त को।

प्रशान्त ठिठक गया। समीरा अपना आँचल सँभालने लगी।

मेंहदी की बाड़ के पास से गुज़रते हुए प्रशान्त ने फिर आँखें उठाकर देखा। आँखें मिलीं तो धीरे से बोल उठा–हलो !

समीरा भी धीरे से बोल उठी–हलो !

...और प्रशान्त आगे बढ़ गया।

समीरा ने कुर्सी को धूप से सरकाकर छाया में कर लिया। फिर दोबारा बैठी, तो पूरे वातावरण में जैसे कोई धीरे-धीरे पुकार रहा था–हलो...हलो...हलो...!

प्रशान्त इनक्वायरी को लेकर आश्वस्त था।

सब मुआयने हो चुके थे। थर्ड फेज़ एकदम ठीक था। जैसा नकुल ने सोचा था, वही हो सकता था। बजट बढ़ने से रोका नहीं जा सकता था और जो नए खर्च नकुल ने बताए थे, वे भी वाजिब थे।

साइट के दफ़्तर में प्रशान्त ने नकुल से कहा—परेशान होने की कोई बात नहीं है, नकुल ! तुम्हारी प्लानिंग में कहीं कोई गड़बड़ नहीं है। मैं रिपोर्ट दे दूँगा। यही कहूँगा कि मैं भी होता, तो थर्ड फ़ेज इन्हीं परिवर्तनों के साथ पूरा होता। सब ठीक-ठाक है।

नकुल के दिमाग़ से एक बहुत बड़ा बोझ उतर गया। कृतज्ञता-भरे स्वर में बोला—शुक्रिया...बहुत-बहुत शुक्रिया, प्रशान्त साहब !

—ठीक है, अब मैं बँगले वापस जा रहा हूँ। काम तो खत्म हो ही गया। वापस चलने की तैयारी करनी होगी।

—जीप तैयार है...नकुल ने कहा।

—नहीं, नकुल...मैं पैदल ही चला जाऊँगा...।

दफ़्तर के बाहर आया, तो प्रशान्त को लगा, जैसे वह एक दायित्व से मुक्त हो गया है। शाम ढलने की थी। पूरी घाटी पिघले हुए पीतल के रंग की धूप में रँगी थी। पर गर्मी और उमस भी थी। वह धीरे-धीरे पहाड़ी के ढलान पर चढ़ने लगा।

वही रास्ता था, वही प्रशान्त था, फिर भी कहीं कुछ अपना नहीं था...कौन था, जो उसके इन्तज़ार में बैठा हो...?

कुछ चढ़ाई के कारण और कुछ इस खयाल से ही प्रशान्त थक-सा गया।

पर एकाएक कुछ ऐसा हुआ कि थकान का अहसास क्षण-भर के लिए कहीं खो गया। समीरा अपने बँगले के गेट से चिपकी खड़ी थी।

वही सूना बरामदा, उसी तरह अकेली पड़ी ख़ाली कुर्सी, गेट के पास खड़ी समीरा...वही इन्तज़ार...पर नहीं, यह इन्तज़ार उसके लिए नहीं था...।

प्रशान्त की थकान फिर लौट आई। पर पास से गुज़रते हुए वह रुक गया। होंठों पर मुस्कान लाते हुए धीरे से बोला—कैसी हो ?

—वैसी ही...समीरा ने कहा।

इन दो शब्दों के उत्तर ने ही प्रशान्त को उधेड़बुन में डाल दिया। क्या ज़िन्दगी भी अपने को दोहराने लगती है ? बोला—मेरा यों रुककर पूछ लेना बुरा तो नहीं लगा ?

—नहीं...अच्छा किया, पूछ लिया। तुम्हीं पूछ सकते थे, और कौन पूछता ?

—हाँ...शायद, समी...मुझे हक़ तो नहीं था, पर...।

—तब समी क्यों कहा ? मिसेज़ आर्य से बात करते। ख़ैर छोड़ो...तुम कैसे हो ?

—अच्छा हूँ...वैसा ही...।

प्रशान्त ने घाटी में देखा—पीले पीतल के रंग की धूप अब ताम्बई हो उठी थी।

समीरा पूछ रही थी—और...कुछ...नहीं सोचा ?

प्रशान्त के चेहरे पर भी ताम्बई छाया घिर आई—जो सोचा था, वही पूरा नहीं हुआ, तो और कुछ सोचकर क्या होता ?

—सच !

—हाँ, समी...!

दोनों ख़ामोश हो गए। फिर प्रशान्त ने ही कहा—अच्छा, चलता हूँ...।

—अच्छा...!

प्रशान्त चला गया...सिर झुकाए, अपने ही ख़यालों में गुम।

समीरा ने एक गहरी साँस ली। प्रशान्त की ओर से नज़र को घुमाकर वह घाटी में फैले बाँध को देखने लगी।

सामने क़ैंची की शक़्ल में कटी हुई नदी दूर तक लेटी हुई थी।

इंस्पेक्शन-बँगले तक पहुँचते-पहुँचते प्रशान्त को लगा, उसने समीरा से बात क्यों की ?...और अगर की तो अधूरी क्यों की ?

बँगले में पहुँचकर काफ़ी देर तक वह सोचता रहा। फिर रहा नहीं गया तो उसने फ़ोन मिलाया।

दूसरी तरफ़ घंटी बजती रही। कुछ क्षण बाद समीरा की आवाज आई—हलो !

—समी...मैं प्रशान्त...।

—हाँ...समीरा की आवाज़ आई।

—समी...वहाँ रुककर बात करते अच्छा नहीं लग रहा था, इसीलिए...कहते-कहते प्रशान्त रुक गया।

—रुककर बात करने का मौक़ा हमें कभी मिला ही नहीं...मिलता, तो शायद...समीरा भी बीच में ही रुक गई।

—शायद क्या, समी ?

—कुछ नहीं, प्रशान्त...!

—बात को अधूरा मत छोड़ो...!

—देखो, प्रशान्त...औरत जब तक औरत रहती है, अकेली नहीं छूटती...पत्नी होते ही अकेली होने की राह खुल जाती है।

—नहीं, समी...आदमी अपना अकेलापन भी पत्नी को दे देता है...इसलिए वह दोहरी अकेली हो जाती है...मैं जानता हूँ, आज अगर मैं तुम्हारा प्रेमी बन जाऊँ तो न तो तुम अकेली रहोगी, न मैं...पर सिर्फ़ प्रेम से ज़िन्दगी बीतती नहीं, ज़िन्दगी सहने से चलती है...आज जब मैं तुम्हारा न होना सहता हूँ, तो जीता हूँ...।

—सचमुच, प्रशान्त ?

—फिर तुम प्रेमिका की तरह पूछने लगीं ! समी, मैं अब न तुम्हारा प्रेमी हूँ, न पहला पति...मैं अब सिर्फ़ तीसरा आदमी हूँ...।

—आज तुमने मुझे सचमुच मुक्त कर दिया...समीरा ने कहा। वह रुक गई। फिर बोली—लगता है, नकुल आ गए हैं..और उसने लाइन काट दी।

नकुल ही आया था। उसने समीरा को रिसीवर रखते देख लिया था, पर कुछ पूछा नहीं।

समीरा प्रशान्त से बात करके बहुत हलका महसूस कर रही थी। बहुत दिनों के बाद वह सामान्य हो आई थी। नकुल से बोली—क्या बात है, इन दिनों तुम बहुत चुप हो !

नकुल चुपचाप पास पड़ी कुर्सी पर बैठ गया। उसके चेहरे पर परछाइयाँ थीं—अजीब-सी, अनाम परछाइयाँ। फिर वह बोला—पता नहीं, मीरा...मन में क्या घुमड़ता रहता है ! प्रशान्त को देखता हूँ...तुम्हें देखता हूँ, तो मन अजीब तरह से परेशान हो जाता है कि क्या जो कुछ हो

गया है, वही होना चाहिए था ?

—तुम अब क्यों कुंठा की यह गाँठ लिए परेशान हो नकुल ? तुम्हीं ने तो मुझे उबारा था।

एक क्षण नकुल कुछ सोचता रहा, फिर जैसे कुछ तय करते हुए बोला—अच्छा सुनो, कल प्रशान्त साहब जा रहे हैं, उन्हें खाने पर बुला लूँ ?

—प्रशान्त साहब नहीं, प्रशान्त...और यों नकुल साहब अगर चाहें, तो प्रशान्त साहब को ज़रूर बुला लें।

—नहीं बुलाएँगे, तो अच्छा नहीं लगेगा।

—मैं तो कह रही हूँ, बुला लो। और बाक़ी सब लोगों को भी।

—अच्छा, ठीक है...नकुल भी जैसे बहुत हल्का हो आया।

—चलो...तुम उठकर नहा लो...समीरा ने कहा—मैं चाय तैयार करती हूँ।

नकुल जूते के तस्मे खोलने लगा।

डिनर पर नकुल ने सबको बुला लिया—प्रशान्त, डिप्टी, ख़जांची बाबू, ओवरसियर को।

खाना चल रहा था और डिप्टी साहब मनोरंजन का सामान बने हुए थे। वे बता रहे थे कि कैसे इस जंगल की ज़िन्दगी से बोर होकर उनकी पत्नी मायके चली गई है।

खाने का कौर हाथ में थामे-थामे वे बोले—वैसे भी उसने मेरे साथ सारा वक़्त बोर होने में ही बिताया है।

ख़ज़ांची बाबू बोल उठे—पर डिप्टी बाबू, आपने भाभी को बोर होने का मौक़ा ही कहाँ दिया ?

—क्यों ?

—जितने बच्चे आपने पैदा किए हैं, उससे उन्हें बोर होने की फ़ुर्सत ही कहाँ मिली होगी ?

सब बेसाख़्ता हँस पड़े। डिप्टी साहब चुपचाप खाना खाते रहे। उन्हें चुप देखकर ख़ज़ांची बाबू कहने लगे—बात यह है, डिप्टी साहब, शादी-शुदा ज़िन्दगी का मैथेमेटिक्स बड़ा आसान है। मेमसाब को ही लीजिए। यहाँ आए इन्हें चार बरस हुए। इन चार बरसों में मेमसाब ने

दो बरस तो बरामदे में चहल-क़दमी करते गुज़ारे होंगे। कुछ हज़ार मील तो चली होंगी। आठ महीने इस कमरे से उस कमरे में जाते, किचन में काम करते गुज़र गए होंगे। अब बचा क्या ? एक साल चार महीने। इन एक साल चार महीनों में से कुछ नहीं तो दस महीने इन्तज़ार करते हुए गुज़ारे होंगे—तो अब ज़िन्दगी का हासिल, सिर्फ़ छह महीने...इन छह महीनों के दुःख-सुख के क्षण चार बरस में फैलकर कड़वे और मीठे—जो भी हुए हों...बस !

कोई और दिन रहा होता तो ख़ज़ांची बाबू के इस हिसाब-किताब ने सबको सोच में ग़र्क़ कर दिया होता, पर इस वक़्त यह बात भी हँसी में गुम हो गई। डिनर खत्म हो गया, पर लोग वहीं बैठे बातें करते रहे। सिर्फ़ प्रशान्त और नकुल बाहर बरामदे में आ गए। नकुल ख़ामोश था। फिर प्रशान्त ही नकुल से बोला—नकुल, जो ग़लती मैंने की है, उसे तुम न दोहराओ। यह हार-जीत का मामला नहीं है। यह एक हक़ीकत है, दोस्त ! समीरा ने मुझे अपने कारणों से छोड़ा था, तुम्हारी वजह से नहीं। अब तुम्हें ऐसे कारण नहीं देने चाहिए और न ही समीरा को कोई ऐसी वज़हें देनी चाहिए कि तुम चल दो। मेरी ग़लती से तुम दोनों को—समीरा को और तुम्हें—सोचना चाहिए। एक आदमी की सफलता ही सब कुछ नहीं है। सफलता सबके साथ ही कारगर होती है। मेरी या तुम्हारी सफलता की क़ीमत समीरा चुकाए या कोई और औरत...बस, यहीं से ज़िन्दगी सूरज की तरह ऊपर चढ़ने लगती है, पर घर में शाम उतरने लगती है...और फिर रात !...छायाएँ बहुत लम्बी हो जाती हैं...और अलग-अलग... ।

नकुल सोच रहा था। बोला कुछ नहीं...पर वह उबर आया था।

दूसरा दिन। प्रशान्त जा रहा था। सूटकेस और दूसरी चीज़ें कार में रख दी गई थीं। फिर वह कार में जाकर बैठा तो देखा, समीरा और नकुल आ रहे हैं। समीरा के हाथ में टिफ़िन कैरियर था। मुस्कुराकर बोला—अरे ! मैं बिना मिले नहीं जाता।

—हम भी आपको कैसे जाने देते ? नकुल ने कहा। फिर समीरा के हाथ से टिफिन कैरियर लेकर प्रशान्त की ओर बढ़ाते हुए बोला—यह

खाना है, आपके रास्ते के लिए !

—और यह थर्मस...इसमें कॉफ़ी है। समीरा ने कहा और दोनों ने टिफ़िन और थर्मस प्रशान्त की कार की सीट पर रख दिए।

—तो अब मेरा हिसाब-किताब बराबर...अच्छा नकुल...अच्छा समीरा...प्रशान्त ने हाथ उठा दिया—साथ ही गाड़ी स्टार्ट कर दी।

नकुल और समीरा ने भी विदा करते हुए हाथ हिला दिए।

प्रशान्त की गाड़ी गेट से बाहर चली गई।

गेट से निकलकर सड़क पर मुड़ते हुए प्रशान्त ने एक बार फिर नकुल और समीरा की ओर देखा और दायाँ हाथ खिड़की से निकालकर अन्तिम बार विदा ले ली।

नकुल और समीरा के हाथ हवा में उठे रह गए...।

वे दोनों बुत बने-से खड़े थे। फिर जैसे किसी अहसास से घिरकर दोनों ने एक-दूसरे की ओर देखा—और अपने हाथ नीचे खींच लिए।

दोनों की आँखें भीग आई थीं।

नकुल ने धीरे से समीरा के कंधे पर हाथ रख दिया और उसे अपने साथ भींच लिया।

—समीरा...! उसने कहा।

—नकुल...। कहकर वह उसके साथ सिमट गई और वे धीरे-धीरे अपने बँगले की ओर लौटने लगे।

●●●